La Guerra Sucia

Nathaniel Kirby

**Cover and Chapter Art by
Irene Jiménez Casasnovas**

Edited by
Carol Gaab

ISBN: 978-1-934958-05-6

**2 Stonewood Drive, Freeport, Maine 04032
info@FluencyMatters.com • FluencyMatters.com**

A NOTE TO THE READER

This compelling story is fictional, but it could have happened, and similar tragedies actually **have** happened to thousands of Argentine citizens. There are families who are still, to this day, looking for their loved ones, wondering what happened to them.

This Comprehension-based™ reader is written strategically and comprehensibly to help you pick up advanced grammatical structures. A comprehensive glossary lists all words and phrases that are used in the story. Vocabulary structures that would be considered beyond an intermediate level are footnoted, and the meaning is given at the bottom of the page where they first occur. If you are a Spanish language learner, you may want to peruse the glossary to familiarize yourself with the vocabulary structures that are used throughout the story, particulary those phrases that contain various forms of 'haber'.

We hope you enjoy this riveting story and enjoy reading your way to FLUENCY!

Índice

Capítulo 1
La gran oportunidad de su vida

Viernes 7 de octubre de 1977

Eran las siete de la mañana cuando sonó el teléfono. Leslie estaba tomando café y sus hijos, Nick y Alex, todavía estaban durmiendo. Leslie contestó el teléfono. Era su jefe, el editor del periódico. Quería hablar con ella tan pronto como llegara[1] al trabajo, así que Leslie les gritó a sus hijos:

– ¡Chicos, levántense! Si no se levantan ahora mismo, van a llegar tarde a sus clases. ¡Este es el último aviso que les doy!

Los muchachos finalmente se despertaron y salieron para la escuela en el viejo carro de Nick.

Leslie se bañó y se arregló rápidamente para ir a la oficina. Estaba un poco nerviosa porque no sabía qué era lo que quería su jefe. Él casi nunca la llamaba a casa. ¿Habría algún problema serio en el trabajo? Tan pronto como acabó de arreglarse, salió para la estación para tomar el tren que la llevaría hasta su trabajo en Manhattan.

Al llegar, vio que su jefe estaba en la puerta esperándola. Tenía en la mano una carpeta bien grande llena de papeles. Le dijo:

– Buenos días Leslie, necesito hablar contigo de inmediato. Vamos a mi oficina.

Leslie, un poco nerviosa, le preguntó:

– ¿Qué pasa? ¿Hay algún problema?

[1]*tan pronto como llegara - as soon as she arrived*

– No, ninguno. Lo siento, no quería preocuparte. Tan solo[2] quiero hablarte sobre
la oportunidad de escribir un artículo
sumamente interesante.

Los dos entraron a la oficina del editor, Leslie
se acercó a la gran mesa de conferencias y se
sentó, mientras él preparaba dos tazas de café.
Entonces él empezó a explicar:

– Leslie, tú siempre has sido mi mejor
periodista[3] de investigación. Tus artículos
son siempre objetivos e interesantes y
muy bien recibidos por el público. Sé
que tienes aspiraciones profesionales y
deseos de llegar a ser una respetada y
reconocida periodista. No cabe duda[4] de
que tienes el potencial necesario para
cumplir tus sueños. Es por ello que quiero hablarte de estos papeles que recibí
anoche.

El editor abrió entonces la carpeta, sacó los
papeles y empezó a explicar:

[2]*tan solo - only*
[3]*periodista - journalist, reporter*
[4]*no cabe duda - there is no doubt*

– Leslie, aquí tengo varios informes sobre una serie de misteriosas desapariciones de gente en la Argentina. Según estos papeles, el gobierno tiene muchos secretos que esconde y está poniendo demasiado esfuerzo en ello. He recibido también varias peticiones de ayuda aquí en *World Report Magazine*. Peticiones de gente suplicándonos que destapemos los secretos que el gobierno está poniendo tanto esfuerzo en ocultar. Quieren que el mundo sepa[5] lo que en realidad está pasando en Argentina. Leslie, este es un proyecto sumamente prometedor[6]. Escribir este artículo puede ser la oportunidad que siempre has esperado; la que necesitas para ganarte el respeto y la fama de periodista de investigación que tanto deseas y mereces. Puede convertirse en el artículo de tu vida. ¿Qué me dices?

– ¡Pues... sí, es una gran oportunidad y no

[5]*sepa - know*
[6]*sumamente prometedor - extremely promising*

sabes cuánto te agradezco tu oferta! Pero
tengo que pensarlo bien: Nick y Alex
todavía me necesitan. ¿Cuándo tienes en
mente que me vaya? ¿Por cuánto tiempo
crees que sería?

– Quiero que te vayas lo más pronto posible; tengo unos contactos en Argentina
que están listos y a la espera de hablar
contigo. No sería por mucho tiempo.
Creo que la investigación y redacción[7]
del artículo te llevarían una semana o
dos cuando mucho[8]. No es demasiado
tiempo… Tus hijos ya están grandes,
¿verdad?

– Sí, Alex tiene dieciséis y Nick ya tiene
dieciocho años. Pero, ¿sería peligroso? Si
el gobierno está realmente escondiendo
secretos, a ellos no les va a interesar que
una reportera de *World Report Magazine*
ande haciendo preguntas e investigando
por el país.

[7]*redacción - writing*
[8]*cuando mucho - at most*

– Yo no creo que sea peligroso. De todos modos, estos informes pueden ser falsos y entonces los rumores y mentiras en contra del gobierno se convertirían precisamente en el tema de tu artículo. Es por eso que quiero que vayas…, para que investigues y descubras cuál es la verdad.

– Pues, debo pensarlo bien. ¿Cuándo necesitas mi respuesta?

– Mañana por la mañana. Considéralo bien: si tú no quisieras escribir este artículo, habría muchos otros reporteros felices de hacerlo.

– Bueno, te agradezco muchísimo esta oferta. Esta noche lo hablaré con mis hijos y tomaré una decisión. Tendrás mi respuesta mañana a primera hora.

Al final del día, al salir de la oficina, el editor le repitió:

– De verdad, Leslie, este puede ser el artículo de tu vida.

Capítulo 2
Una decisión crítica

Por la noche, mientras Leslie preparaba la cena, no podía dejar de pensar en la conversación que había tenido con el editor por la mañana. Estaba claro que ir a la Argentina beneficiaría su carrera enormemente. Por otro lado, no quería dejar a los muchachos solos durante el tiempo que ella estuviera fuera[1]; pero considerando todas las opciones posibles, Leslie había decidido que llevarlos con ella a Argentina no era una buena idea. Ellos tenían sus clases y actividades escolares. Además, a su edad, no debían quedarse a solas en un país extranjero mientras ella estuviera[2] trabajando.

Leslie seguía considerando todas sus opciones y estaba llena de dudas cuando Nick llegó a casa. Venía cansadísimo y todo sudado de su entrenamiento de fútbol. Cuando entró a la cocina, Leslie le preguntó:

– ¿Cómo te fue tu día?

– Bien, pero estoy rendido. Estamos entrenando muy duro para la liga de Nueva Jersey. Si ganamos los tres últimos partidos, clasificaremos para jugar en la nacional. Nuestro entrenador nos dijo hoy que todos dicen que vamos a ganar.

De repente, Leslie se sintió como si fuera una

---

[1] *estuviera fuera - she was gone*
[2] *mientras ella estuviera - while she was, would be*

mala madre. Se le había olvidado completamente el importante campeonato de Nick. Por eso no le mencionó nada en absoluto sobre su posible viaje a la Argentina, sino que[3] le dijo:

– ¡Excelente, Nick! Están entrenando tan duro y con tanto esfuerzo que no me cabe ninguna duda de que se lo merecen. ¡Ojalá que ganen el torneo! Sería un momento increíblemente especial para ustedes y por supuesto, también para mí.

En ese momento, con la cena ya lista, Leslie le pidió a Nick:

– ¿Por qué no vas al cuarto de Alex y le avisas que la cena ya está lista?

Nick, sin salir de la cocina, llamó a su hermano a gritos:

– ¡Alex, LA COMIDA! ¡Tienes que salir de tu cueva cinco minutitos para comer!

– Nick, ¿por qué eres tan malo con tu hermano? –le preguntó Leslie.

[3]*sino que - but rather*

– Mami, es que Alex es un raro. Se pasa todo el día encerrado en su cuarto tocando la guitarra y escuchando música deprimente.

– Nick..., tranquilo...; ya basta. Alex no es ningún raro. A Alex simplemente no le interesan los deportes tanto como a ti. Eso no significa que él sea raro. A ti te encantan los deportes y a él le gusta la música. Ustedes tienen intereses diferentes, nada más. No todos somos iguales en este mundo Nick, ¿sabes?

– Por suerte –respondió Nick en voz bajita.

– Te oí, Nick...

Cuando Alex salió de su cuarto, los tres se sentaron a la mesa de la cocina para cenar. Durante la cena, Leslie les anunció a los muchachos:

– Tenemos que hablar de algo importante. Hoy en la oficina el editor del periódico me propuso algo sumamente interesante. Quiere que vaya a Argentina. Se trata de una excelente oportunidad para escribir un artículo de gran importancia. Él insiste en que este artículo puede ayudarme considerablemente a avanzar en mi carrera periodística y darme las mejores oportunidades posibles en el campo del reportaje de investigación. También me asegura que este artículo es muy prometedor económicamente y que puede significar mucho dinero. Yo no sé si debería ir o no. ¿Qué opinan ustedes?

Alex respondió primero:

– ¿Mami, nos vas a dejar otra vez? Parece que siempre te están ofreciendo artículos súper importantes. Tu editor siempre te dice que te vas a hacer rica y famosa, y tu trabajo siempre termina siendo[4] más importante que nosotros.

– Tranquilo, Alex –respondió Leslie con tono serio–. Tú bien sabes que nosotros dependemos del dinero que gano en mi trabajo. Yo me mato todos los días, tratando de estar aquí para todo lo que ustedes necesitan, así

---

[4]*termina siendo - it ends up being*

como en el trabajo. Desde que papá se enfermó y murió he tenido que ocuparme yo sola de hacer todo lo necesario para salir adelante y apoyar a la familia. Así que, tú podrías tener un poco más de respeto y consideración. ¿Comprendes?

— Sí mami. Perdón, –contestó Alex–. Pero, ¿por cuánto tiempo sería el viaje?

— Mami, me parece buena idea –interrumpió Nick con entusiasmo–. Este artículo puede terminar siendo la oportunidad que hemos estado esperando. Si este artículo te hace famosa, no tendremos que preocuparnos más por el dinero. Yo digo que debes ir; ya somos lo suficientemente grandes como para cuidarnos solos durante un tiempo. Esto es importante para la familia, mami.

Al terminar de decir esto, miró seriamente a Alex. Le echó una intensa mirada como avisándole: *«No vayas en mi contra… o te mato»*. Al decir esto, lo que Nick estaba pensando era que la celebración de Homecoming* sería en una semana. ¡Y si su madre estuviera de viaje[5], esta sería la oportunidad perfecta para dar una gran fiesta en su casa con todos sus amigotes! Alex insistió:

– Y, ¿por cuánto tiempo te irías, mami?

– No estoy completamente segura…; una semana más o menos. No dudo de que llegaría a tiempo para ver los partidos de fútbol de Nick.

– Bueno mami, si tú crees que es una buena oportunidad, me parece bien –le respondió Alex.

– Sí mami, yo también opino que es una buena idea que vayas –reiteró Nick tratando de no

---

Nota: Homecoming es una celebración típica en las universidades y escuelas secundarias de los Estados Unidos. Ocurre generalmente en septiembre u octubre y consiste en celebrar la visita de los ex-alumnos, dándoles la bienvenida de su retorno con varias festividades.

[5]si su madre estuviera de viaje - if his mother were on a trip, were traveling

mostrarse demasiado interesado en la oportunidad de quedarse solos en casa–. Tengo dieciocho años y Alex ya tiene dieciséis. Nos
podemos cuidar solos mami... No hay ningún
problema... No tienes de qué preocuparte.

– Vamos a ver chicos, ya veo que ustedes no
están en contra de la idea. Voy a pensarlo bien esta noche y tomaré la decisión
mañana.

Capítulo 3
Una historia trágica

Cuatro días después, Leslie se encontró a bordo de un vuelo a la Argentina. Estaba un poco nerviosa y preocupada. Pensaba en Nick y Alex. Intentaba convencerse de que estarían bien quedándose solos durante el tiempo que durara su viaje a la Argentina. «Realmente no están solos», se decía a sí misma. Su mejor amiga de la oficina iba a llamarlos por teléfono todos los días para ver si necesitaban algo. Además, tenían dieciséis y dieciocho años, ya casi eran adultos. Ella se sentía mal por haberlos dejado solos[1]; sin embargo, al mismo tiempo quería aprovechar la oportunidad de avanzar profesionalmente. Para no sentirse culpable, Leslie se decía que iba a la Argentina por ellos, para darles mejores oportunidades en la vida.

Para distraerse y dejar de pensar en sus hijos, Leslie sacó la carpeta de papeles que le había dado el editor. La carpeta contenía una breve historia de los eventos políticos de los últimos años en Argentina. La carpeta contenía también unas cartas que informaban sobre supuestas desapariciones de personas a manos del gobierno. Leslie decidió leer la breve historia primero porque realmente no sabía mucho sobre Argentina.

Esta breve historia explicaba el pasado tan

---

[1] *por haberlos dejado solos - for having left them alone*

violento que el país había sufrido a través de[2] los años; un pasado lleno de violencia motivada por las diferencias políticas existentes entre grupos extremistas, tanto de izquierda como de derecha[3]. Relataba también los muchos casos de asesinatos, desapariciones, torturas, e incluso masacres ocurridas a manos de aquellos a los que solo les importaba el progreso de su propia ideología política. Los extremistas, tanto de la izquierda como de la derecha, eran igualmente culpables de estos horrendos crímenes que llevaban tanto tiempo causando miedo e inestabilidad política en el país.

Al leer todo esto, Leslie se echó a llorar pensando en todas las familias afectadas por la violencia. Pensaba en las madres que habían perdido a sus hijos y en las familias que ya no tenían padres debido a la violencia de los grupos extremistas. Era una realidad terrible que la hizo sentirse triste; sin embargo, sentía agradecimiento al mismo tiempo. En los Estados Unidos el gobierno no era

[2]*a través de - through*

[3]*tanto de izquierda como de derecha - as much from the left as the right, both from the left and the right*

perfecto tampoco, pero por lo menos no había matanzas[4], ni desaparecía la gente a manos de los políticos. Por eso, Leslie estaba agradecida.

El documento también incluía información reciente sobre el gobierno actual. Decía que Argentina continuaba sufriendo mucha inestabilidad en los últimos tiempos. La economía estaba en ruinas, con un nivel de inflación y desempleo sumamente altos. Por eso, los ciudadanos estaban tremendamente preocupados por el futuro y presionaban para que el gobierno realizara los cambios necesarios. El problema era que los grupos de izquierda y de derecha tenían diferentes ideas acerca de cómo solucionar los problemas, lo cual causaba una tremenda inestabilidad.

En julio de 1974, el polémico presidente, Juan Perón, murió durante su mandato. En seguida su esposa y hasta entonces vicepresidenta, Isabel Perón, se convirtió en presidenta del país. Aparentemente Isabel no tenía mucha experiencia

---

[4]*matanzas - killings*

como líder y ciertos grupos extremistas armados operaron en su contra, cometiendo actos de violencia para desestabilizar al gobierno aún más. Realizaron ataques en oficinas del gobierno y de la policía y también mataron a varias personas conectadas al gobierno. Muy pronto, Isabel estaba perdiendo el control del país y el respeto del pueblo hacia ella como presidenta.

Para combatir a estos grupos rebeldes, Isabel aprobó leyes que daban mucho poder a las fuerzas armadas. Estas leyes permitían a los soldados arrestar e interrogar a cualquier persona sin una sola justificación. Isabel pensó que así iba a arrestar rápidamente a todos los extremistas responsables de la violencia y a retomar el control del país.

Desafortunadamente para Isabel, este plan no funcionó y la violencia no paró. Además, al haber aprobado[5] esas leyes, los líderes y soldados de las fuerzas armadas tenían ahora un poder excesivo que podían usar libremente en contra de los ciudadanos argentinos.

[5]*al haber aprobado - at having approved, by passing*

En marzo de 1976, un grupo de líderes militares decidió echar a Isabel Perón de la presidencia. Ella era una líder inepta porque no podía controlar la violencia en el país. En la noche del 24, la arrestaron y tomaron control del país. Los militares formaron una junta militar para gobernar el país con miembros del ejército, las fuerzas aéreas y las fuerzas navales. Instalaron al General Jorge Videla como presidente de la república sin celebrar elecciones. La idea era que Videla, junto con otros militares, iba a restaurar la paz en la Argentina. Así concluía el documento que relataba la historia de Argentina.

Leslie devolvió los papeles a la carpeta y pensó en el pueblo argentino. Se había quedado muy impresionada con la triste realidad de la situación en el país. También pensó en cómo las fuerzas armadas habían echado del poder a la presidenta. La idea de que los militares pudieran tomar control del gobierno a la fuerza le parecía muy extraña. En los Estados Unidos el presidente siempre ha llegado al poder a través de los votos y la voluntad de la gente, no por la fuerza. Los militares siempre han respetado la Constitución, la cual garantiza los derechos de los ciudadanos y el proceso electoral. Leslie sintió otra vez agradecimiento por ser ciudadana estadounidense y porque en su país nunca ocurrieron ese tipo de cosas.

Luego Leslie leyó los informes de las personas que acusaban al gobierno de las desapariciones de sus familiares. Eran cartas de súplica, pidiendo a la revista *World Report* que destapara los secretos del gobierno corrupto.

Después de leer las cartas, Leslie pensó para sí misma: «¿Será verdad todo esto sobre las desapariciones? ¿No será algún tipo de malentendido? Si todo esto terminara siendo verdad y el gobierno estuviera realmente detrás de la violencia, yo necesitaría evidencia firme y sólida de todo ello para poder demostrarlo en un artículo convincente. Voy a necesitar el testimonio de testigos presenciales[6] y hasta fotografías o películas de los soldados o policías en acción, tomadas durante algún secuestro de personas inocentes». Estaba claro

[6]*testigos presenciales - eyewitnesses*

21

que obtener la evidencia necesaria no iba a ser tan fácil.

Enseguida, Leslie escuchó:

> – Damas y caballeros, por favor regresen a sus asientos y abróchense los cinturones de seguridad. En unos momentos aterrizaremos en Buenos Aires... Bienvenidos a la Argentina.

Cuando el avión aterrizó, Leslie recogió sus cosas y entró al aeropuerto. Allí pasó el control de inmigración y aduanas, recogió sus maletas de la máquina y salió del aeropuerto. El día estaba muy bonito, el sol brillaba en lo alto y había una brisa fresca. Después de once horas de vuelo, Leslie se sentía feliz de estar por fin fuera del avión y al aire libre. Pensó para sí misma: «¡No puedo creer que esté ya en Argentina. Me encanta mi trabajo. Este artículo de verdad va a cambiarme la vida!».

Capítulo 4
La llegada

A la salida del aeropuerto Leslie buscó un taxi. Realmente no tenía un plan concreto para su investigación; pero por lo menos, la experimentada reportera sabía por dónde empezar. Tenía en mente conversar con la gente para saber si las acusaciones en contra del gobierno estaban basadas en la verdad. Su plan consistía en encontrar las pruebas concretas necesarias para que su artículo fuera creíble y convincente a los ojos del público. Leslie sabía por experiencia que todo esto no sería un trabajo fácil.

Tras encontrar un taxi, lo primero que hizo, camino a su hotel, fue a ir a un banco para cambiar unos dólares. Su jefe no le había ofrecido mucha ayuda con la investigación del artículo, pero por lo menos le había dado suficiente dinero y le había hecho una reservación en un hotel decente. También, a través de sus conexiones con la prensa argentina, le había facilitado el nombre de una persona de contacto en Buenos Aires. Las instrucciones que Leslie había recibido eran bien simples: inscribirse en la recepción del hotel donde encontraría una carpeta con más información.

Después de pagarle al taxista, Leslie entró al hotel. Al inscribirse, la recepcionista reconoció su nombre y le dijo que estaban esperando su llegada. Le dio la carpeta que esperaba. Leslie le dijo:

«gracias», y fue a su habitación.

Al entrar, Leslie puso su maleta en el piso, al lado de la cama, y se sentó en una silla. Había un teléfono sobre una mesa en un rincón. Inmediatamente pensó en llamar a sus hijos, para saber si estaban bien. También quería decirles que había llegado sana y salva. Nick contestó la llamada y le aseguró a Leslie que los dos hermanos estaban bien y que nada les iba a pasar durante su ausencia.

Después de hablar con Nick por unos minutos, Leslie habló con Alex. Él le repitió que todo estaría bien en casa. Leslie les dijo a los dos que los quería mucho y les prometió llamarlos todas las noches.

En seguida, Leslie llamó a la oficina para hablar con el editor. Leslie le dijo que había llegado sana y salva a la Argentina y que todo estaba bien. El editor le preguntó sobre la carpeta que le esperaba en el hotel y Leslie le dijo que la tenía en la mano. Hablaron un poco sobre el propósito del artículo y cuando iban a terminar la conversación el editor le dijo a Leslie muy seriamente:

— Ten mucho cuidado Leslie, ¿Me oyes?

Este comentario la tomó por sorpresa; le respondió:

— ¿Por qué me dices eso? Puede que[1] los argentinos tengan problemas con su gobierno, pero eso no me va a afectar a mí. Soy estadounidense. Yo no les he hecho nada malo[2] a los argentinos.

— Sí, ya lo sé…; sin embargo, hay algo que no te dije antes… Es sobre la carpeta que tienes en la mano. Esa carpeta contiene una carta escrita por una señora argentina. La carta suplica a la prensa argentina que destape los secretos del gobierno. Cuando la carta llegó al periódico de mi amigo, que es el editor, ninguno de sus reporteros quiso escribir un

---

[1] *puede que - it could be that*
[2] *no les he hecho nada malo - I have not done anything bad to them*

artículo sobre el tema de las desapariciones. Todos tuvieron miedo de una posible retaliación por parte del gobierno.

– ¿Y por qué no me lo habías dicho³ antes? ¿Tú crees que estoy en peligro?

– La verdad es que no… No creo que vayas a tener problemas. Yo solamente te digo que tengas cuidado con lo que dices y con quien hablas, nada más. Como tú bien dices, eres estadounidense y el gobierno argentino no querría meterse en un conflicto con nuestro gobierno por haberle causado⁴ problemas a una reportera americana.

– Sí, así es como yo lo veo. Pero te aseguro que voy a tener cuidado. Mañana voy a hablar con la señora que escribió esta carta y vamos a ver si este gobierno realmente tiene secretos que esconder. Si es verdad que están haciendo desaparecer a personas inocentes,

³no me lo habías dicho - you had not said it to me
⁴por haberle causado - for having caused her

¡son ellos los que deben tener cuidado, porque yo voy a destaparlo todo… en el artículo de mi vida!

– ¡Así es, Leslie…! Esta es la actitud positiva que yo siempre aprecio en ti. ¡Es por eso que tú eres mi mejor reportera de investigación!

Cuando terminaron la conversación, Leslie colgó el teléfono. Realmente estaba muy cansada por el viaje y se acostó en la cama. Se quitó los zapatos e inmediatamente se sintió un poco mejor. Leslie se quedó allí descansando sobre la cama y pensando en todo lo que descubriría en la mañana. En seguida, se quedó dormida.

Capítulo 5
Una madre inconsolable

Algunas horas después, Leslie se despertó de su inesperada siesta. Se sintió desorientada por unos segundos, hasta que reconoció el hotel y recordó que estaba en Buenos Aires. Vio a su lado la carpeta que había recogido en la recepción y decidió abrirla. Dentro había un papel con el nombre de una mujer, su dirección y su número de teléfono. También había una carta, escrita a mano por ella. Era la carta que le había mencionado el editor. Leslie la abrió:

Queridos Reporteros,

Es con mucha ansiedad y tristeza que les escribo esta carta. Como ya saben, algo tremendamente horrible está pasando en nuestro querido país. Muchas personas están desapareciendo. Están aquí con nosotros un día, y de la noche a la mañana, ya no existen. Llevaba un tiempo escuchando rumores acerca de estas desapariciones, pero ahora la realidad de la situación me ha tocado de una manera personal.

Hace dos días recibí una llamada de mi hijo Raúl. Él estaba preocupado por su propia vida. Me dijo que la semana pasada, uno de sus amigos desapareció una noche sin más ni más. Este amigo era un buen compañero de la universidad y con quien ahora trabajaba en la oficina. La última vez que lo vio, su amigo aún estaba en la oficina; había decidido quedarse trabajando un poco más y tenía planes de regresar caminando a su apartamento más tarde.

Como su amigo no llegó al trabajo el próximo día, Raúl lo llamó por teléfono. Nadie contestó. Por la tarde Raúl fue a buscarlo a su apartamento y se sorprendió muchísimo de que la puerta del apartamento estuviera abierta. Mi hijo miró adentro y vio que todo estaba en un desorden total. Todos los muebles estaban tirados y había papeles botados por todos lados. Era obvio que algo terrible y violento había pasado.

Me asusté tanto que le pedí a Raúl que viniera a mi casa a pasar la noche. Él me dijo que estaba de acuerdo conmigo y que llegaría a mi casa enseguida. Yo esperé y esperé, pero Raúl no llegó. Estaba muy preocupada por él y me puse nerviosísima. No sabía qué hacer.

A la medianoche fui a su apartamento. Estuve tocando en la puerta unos minutos, pero nadie contestó. Abrí con mi llave y al entrar, descubrí con horror que el apartamento estaba en un desorden total con papeles por todos lados. Las gavetas estaban todas abiertos y sus contenidos botados en el piso. Fui corriendo al cuarto de Raúl, pero él no estaba allí.

Hace días que no veo a mi hijo. He hablado con sus amigos y nadie lo ha visto tampoco; sus compañeros de trabajo llevan dos días sin verlo. De hecho[1], alguien me dijo que otro de sus compañeros de trabajo también desapareció. Tengo mucho miedo y no sé qué hacer. No puedo denunciarlo a la Policía. Todos dicen que nuestro propio gobierno es el responsable de las desapariciones.

¡Ayúdenme, por favor! Algo muy serio está pasando en nuestra Argentina. Necesito su ayuda para encontrar a mi

[1] de hecho - in fact

hijo y a todos los otros desaparecidos. Necesitamos respuestas y no hay nadie más que ustedes, los reporteros, para destapar los secretos y encontrarlas. ¡Por favor, ayúdennos!

Desesperadamente,

Magdalena Jiménez Casasnovas

Después de leer la carta Leslie pensó: «¡Qué triste! Si todo esto es verdad, esta señora debe estar horrorizada por lo que podía haberle pasado[2] a su hijo». Leslie agarró el teléfono y llamó al número que tenía en el papel. Una mujer contestó e inquirió con voz tímida:

– ¿Aló?

– Buenas noches… ¿Habla la señora Magdalena Jiménez?

– ¿Quién habla? –respondió Magdalena en tono serio.

---

[2]*por lo que podría haberle pasado - by what could have happened to him*

– Soy Leslie Corrales. Soy reportera de investigación de la revista *World Report*. Yo quería hablarle a usted sobre su hijo Raúl y una carta que escribió a la prensa argentina…

– ¡Gracias a Dios! –interrumpió Magdalena con emoción–. Pensaba que nunca me iban a ayudar.

– Sí señora, yo quiero ayudarla. Me gustaría hablar con usted sobre su hijo y las circunstancias en que él desapareció.

Al decir esto, Magdalena se echó a llorar descontroladamente. Leslie, al otro lado de la línea telefónica, no sabía qué hacer. Simplemente había leído algo sobre el sufrimiento de los argentinos, pero en ese mismo instante supo, por la reacción de Magdalena, que todo ello era verdad. Ya no le cabía la menor duda, y comprendió el verdadero dolor, la tristeza y la frustración que sentía Magdalena. Leslie sintió mucha compasión por Magdalena porque ella también era madre.

Cuando Magdalena se había calmado un

poco, Leslie le dijo:

— Lo siento mucho, señora… Yo también tengo hijos. Quiero ayudarla a encontrar al suyo.

— Gracias Leslie. Sí, tiene usted razón… ¡Vamos a encontrarlo! ¡Yo no pararé de buscarlo hasta encontrarlo!

— Sí, entonces yo voy a escribir un artículo sobre sus experiencias, para que todo el mundo lo lea. Raúl será el héroe que rompa la cadena de violencia argentina.

Leslie y Magdalena continuaron hablando un poco más. Como era un poco tarde ya, decidieron encontrarse por la mañana. Hicieron planes de reunirse a las nueve en la casa de Magdalena.

Capítulo 6
Una desaparición sospechosa

A la mañana siguiente, Leslie se despertó temprano. Se arregló y se fue a desayunar al restaurante del hotel. Con la dirección en la mano, le preguntó a la recepcionista dónde quedaba el apartamento de Magdalena. Aunque la casa quedaba un poco lejos del hotel, Leslie decidió no tomar un taxi. Quería caminar, porque caminar le ayudaría a pensar y a reflexionar sobre todo lo ocurrido en los últimos días.

Leslie salió del hotel y empezó su caminata por la ciudad. Rápidamente pasó, de pensar en Magdalena y su hijo Raúl, a pensar en sus propios hijos Alex y Nick. Tan solo llevaba un día en Argentina y ya le hacían mucha falta[1]. Leslie no sabía qué haría ella si sus hijos desaparecieran así sin más, sin una sola palabra; no podía ni imaginárselo. Todo este sufrimiento la motivaba grandemente: quería con todas sus fuerzas encontrar a Raúl y destapar los secretos que la Junta Militar tanto esfuerzo ponía en ocultar.

Finalmente y después de caminar casi por una hora, llegó al apartamento de Magdalena. Respiró profundamente y tocó a la puerta. Leslie se sentía ansiosa. Muy pronto una mujer abrió la puerta. Era Magdalena. Leslie notó a primera vista lo rojo e inflamados que tenía los ojos. Era obvio que

[1] *le hacían mucha falta - she missed them a lot*

37

Magdalena había estado llorando[2]. Se saludaron, se presentaron la una a la otra, y entraron al apartamento.

Magdalena llevó a Leslie a la cocina donde tenía preparadas dos tazas de café y unas empanadas argentinas[3]. Después de preguntarle cortésmente por sus hijos, Magdalena empezó a conversar con Leslie sobre Raúl y las circunstancias de su desaparición.

Leslie sacó de su bolsa un lápiz y un cuaderno y empezó a tomar notas de la conversación. Hablaron de Raúl y su trabajo, sus amigos, sus intereses y cualquier otra razón por la que alguien quisiera hacerle daño. Leslie quería saber si Raúl estaba involucrado en alguna actividad ilegal, e hizo muchas preguntas al respecto.

Magdalena le aseguró que Raúl era muy buena persona y que tenía una reputación excelente entre todos los que le conocían. Después de un rato, Leslie le preguntó a Magdalena:

[2]*había estado llorando - she had been crying*
[3]*empanadas argentinas - bread or pastry stuffed with meat*

– ¿Usted me podría llevar al apartamento de
  Raúl? Me gustaría verlo para sacar unas
  fotos. Es muy posible que encontremos pistas
  allí.

– No sé, Leslie…, tengo mucho miedo. Yo no
  he vuelto al apartamento desde la noche en
  que desapareció Raúl.

– Comprendo que tenga miedo. Iremos juntas
  y todo estará bien.

– Bien, Leslie, vayamos. Podemos ir caminando, no queda muy lejos de aquí.

Magdalena y Leslie caminaron unos veinte
minutos hasta llegar al apartamento de Raúl.
Magdalena sacó la llave y abrió la puerta. Al entrar
en el apartamento y ver el desorden total, Leslie se
quedó horrorizada. Aunque ya lo había leído en la
carta y Magdalena misma[4] se lo había explicado,
verlo en persona y con sus propios ojos le causó
una profunda impresión. En ese momento se dio
cuenta de lo grave y seria que era la situación.
Tuvo miedo por primera vez desde que había

[4]*Magdalena misma - Magdalena herself*

empezado a trabajar en este artículo. Magdalena echó un vistazo a las cosas de Raúl, tiradas por todos lados y empezó a llorar otra vez. Abrazándola, Leslie le dijo:

– ¡Cuánto lo siento, Magdalena! Vamos a encontrar a Raúl, ¡lo encontraremos! Por eso es muy importante que busquemos pistas, para saber lo que pasó con él. Tiene que haber[5] algo aquí que nos ayude.

– Todo esto es dificilísimo para mí, pero usted tiene razón. Busquemos pistas. Usted revise la sala y yo revisaré el dormitorio.

Las dos pasaron algún tiempo revisando el apartamento en busca de pistas sobre la desaparición de Raúl. Leslie sacó su cámara y sacó fotos del apartamento. Después de un rato, Magdalena entró corriendo y gritando a la sala:

– ¡Mire esto, Leslie! Encontré estos papeles y creo que son importantes. Estaban metidos dentro de su Biblia.

Los papeles contenían unas notas escritas por

[5]*tiene que haber - there has to be*

Raúl. En una de las hojas, bajo la palabra «DESA-PARECIDOS» había una lista de nombres. Magdalena leyó la lista con verdadero horror porque reconoció algunos de los nombres. Eran amigos de Raúl de la niñez, la universidad o el trabajo. Aparentemente, Raúl estaba intentando descubrir qué les había pasado a sus amigos.

Aparte de la lista de desaparecidos, había también una hoja anotada con direcciones de Buenos Aires y con un nombre en particular: el de la Escuela de Mecánica de la Armada; debajo de éste, el nombre de una persona, Chancho Sánchez, rodeado[6] por un círculo y con la palabra «¡CULPABLE!» al lado. Leslie leyó todo y le hizo un montón de preguntas:

– ¿Qué significa todo esto? ¿Usted reconoce estos nombres? ¿En que trabaja Raúl? ¿Y este sitio, la Escuela, qué es? ¿Quién es Chancho Sánchez?

– Perdone, Leslie…, pero cálmese, por favor. Son muchas preguntas…

[6]*rodeado - surrounded*

Con esto, Magdalena respiró profunda y calmadamente y empezó a contestar todas y cada
una de las preguntas de Leslie:

– Primero, Raúl es abogado. Su firma representa a varios sindicatos[7] de trabajadores en el
país. Lo que usted necesita saber es que
cuando los militares tomaron el control del
país, consideraron que los sindicatos eran
una amenaza a su poder e influencia.
Algunos de los nombres de la lista son de
amigos de Raúl que trabajaban con él. Según
este papel, ellos están desaparecidos también.

Magdalena hizo una pausa. Respiró profundamente y entonces siguió hablando:

– La Escuela de Mecánica de la Armada,
ESMA, es una institución estatal dedicada a
la formación de oficiales militares. Queda
aquí no más, en el centro de Buenos Aires,
muy cerquita. Yo no sé por qué está anotada
aquí en esta lista. Es muy extraño. Y este

[7]*sindicatos - labor unions*

hombre, Chancho Sánchez, es un oficial militar. Creo que es un General del Ejército. Lo he visto en la televisión varias veces. A mí siempre me da la impresión de que está enojado. No me cae nada bien[8].

Leslie escuchó todo y con voz de confusión le preguntó:

– Pero, ¿qué significa todo esto?

– Para mí, significa que los rumores de que el gobierno está detrás de las desapariciones son ciertos, Leslie. Raúl lo sabía y estaba haciendo su propia investigación. Estas notas tienen las pistas que usted buscaba para destapar los secretos.

– Sí, estas son muy buenas pistas…, pero, ¿por qué quiere el gobierno hacer desaparecer a toda esta gente?

– Usted no entiende, Leslie. Estados Unidos es muy diferente porque es una democracia en la que imperan[9] la ley y el principio de

[8]*no me cae nada bien - I don't like him at all*
[9]*imperan - they rule*

legalidad. Su gobierno protege a la gente.
Los militares usan las armas para protegerlos
a ustedes. Cuando este gobierno militar echó
a la presidenta Perón y tomó el poder, lo
hizo violentamente y por la fuerza. El pueblo
no los eligió democráticamente. Por eso,
ellos quieren, ¡necesitan!, controlarnos a los
ciudadanos, para que no formemos una rebelión en su contra. Usan la violencia y el
miedo para tratar de mantener el control del
país. Si uno no está completamente de acuerdo con ellos, se le considera enemigo del
estado. Es muy triste, Leslie, cuando uno
tiene miedo de su propio gobierno.

Leslie no respondió a lo que dijo Magdalena. Ella
se quedó callada pensando en la severidad de la
situación en Argentina. Después de un rato de
silencio, recogió los papeles y le dijo a
Magdalena:

– Tengo miedo de estar aquí. Vayamos de
regreso a su casa para continuar la conversación en un sitio más seguro.

Capítulo 7
Las Abuelas de La Plaza de Mayo

Cuando Leslie y Magdalena salían del apartamento de Raúl, una mujer entraba al apartamento de enfrente. Llevaba una bolsa de compras en una mano y una llave en la otra. Al verla, Leslie pensó que probablemente sabría algo sobre la desaparición de Raúl y se le ocurrió la idea de hablar con ella. Tal vez habría escuchado[1] gritos o alguna disputa, durante la noche en la que Raúl desapareció. Leslie se acercó a ella y le preguntó:

– Disculpe, señora, ¿usted vive aquí en este apartamento?

La mujer no le contestó, sino que le dio la espalda sin decir nada. Muy ansiosa, intentó meter la llave en la puerta, pero no pudo hacerlo porque la mano le empezó a temblar visiblemente. Leslie le repitió con calma:

– Usted vive en este apartamento, ¿verdad? Yo sé que usted tiene miedo, pero yo solamente quiero hacerle unas preguntas. No quiero hacerle daño. ¿Sabe usted algo de lo que ocurrió durante la noche en que desapareció su vecino, el hombre que vivía en este apartamento? ¿Oyó usted algo?

Solo entonces, la mujer miró a Leslie.

– Y, ¿quién es usted? ¿A qué vienen tantas preguntas? –respondió bruscamente, con un

[1]*habría escuchado - she would have heard*

fuerte tono de voz y una mirada fría–. ¡Yo no sé quién es usted ni qué quiere!

– Señora… Me llamo Leslie Corrales y solo tengo buenas intenciones. Soy reportera de la revista *World Report* y tan solo trato de ayudar. Por favor, señora, necesitamos su ayuda…

Dicho esto, Magdalena interrumpió casi llorando:

– ¡Por favor, señora! ¡Es mi hijo el que vive en este apartamento…! ¡Por favor!

La mujer no miró a Magdalena, sino que bajó la mirada al piso, como pensando por un momento. Magdalena y Leslie esperaron su respuesta con paciencia. Entonces, terminando de abrir su puerta, les respondió firmemente:

– ¡No! Yo no tengo nada que decir. Yo no sé nada de lo que pasó cuando los hombres se llevaron al muchacho.

Con esto, entró a su apartamento y les cerró la puerta en la cara, sin decir ni una sola palabra más. Leslie y Magdalena se quedaron allí, frente a la puerta, muy sobresaltadas². Después de un rato de silencio, Leslie le dio a Magdalena un abrazo y le dijo:

— Lo siento mucho Magdalena. Yo no sé qué decirle. Es obvio que esta señora tiene mucho miedo. Sea positiva. Tenemos otras muy buenas pistas..., y ¡vamos a encontrar a Raúl! Vámonos a su casa donde podremos hablar mejor y con más calma. Tenemos que hacer un plan para encontrar a Raúl.

En el camino de regreso a su casa, Magdalena le dijo a Leslie:

— Estamos muy cerca del centro de Buenos Aires. Me gustaría pasar por allí, pues hay algo que usted debe ver; así también podrá ver la Casa Rosada. No está lejos y queda camino³ a mi casa. ¿Le gustaría ir?

— ¿La Casa Rosada?

²*sobresaltadas - shocked, stunned*
³*queda camino - it is on the way*

— Sí, la Casa Rosada es la residencia presidencial. Es como la Casa Blanca de los Estados
Unidos. Es una casa muy bonita y quiero que
la vea. No todo en la Argentina es feo. La
casa tiene un balcón famoso desde donde
Evita hablaba con la gente. También hay algo
más que usted tiene que ver. Vayamos caminando hacia allá.

En seguida llegaron a la Casa Rosada, pasando por la Plaza de Mayo, que está directamente
enfrente. En la plaza, Leslie vio lo que parecía una
manifestación[4], un grupo de personas manifestándose, expresando una protesta. Leslie se acercó
más, quería ver los mensajes de las pancartas[5] que
los manifestantes[6] llevaban en las manos. Algunas
pancartas tenían fotos de gente con sus nombres;
fotos de adultos, jóvenes y niños. Otras tenían frases como: «¿Dónde están nuestros hijos y nietos?
¿Dónde están Los Desaparecidos?»

[4]*manifestación - protest, demonstration*
[5]*pancartas - signs, banners*
[6]*manifestantes - protestors, demonstrators*

Leslie observó que la mayoría de las manifestantes eran mujeres mayores. Algunas de sus pancartas decían: «Somos Las Abuelas de La Plaza de Mayo». Confundida, Leslie le preguntó a Magdalena:

– ¿Qué significa todo esto? ¿Quiénes son estas mujeres, Magdalena? ¿Las fotos de las pancartas son de familiares desaparecidos igual que Raúl?

Sí, Leslie. Todas estas mujeres tienen familiares desaparecidos también, hijos o nietos[7]. Ellas vienen a la plaza todos los jueves por la tarde para manifestar su protesta y para demandar que sus hijos y nietos sean devueltos sanos y salvos.

– Pero, ¿nietos? ¿Hay niños y bebés desaparecidos? ¿Por qué a los chiquitos? Los niños no tienen nada en contra de un gobierno…

– Es la triste verdad, Leslie. Ahora, hay muchos bebés desaparecidos. Es horrible. La gente dice que si un bebé está presente cuando los

[7] *nietos - grandchildren*

oficiales del gobierno secuestran a alguien, roban al bebé y se lo llevan también. Algunos rumores dicen que se quedan con los bebés, se los llevan a sus propias casas para que vivan con ellos y si no se los quedan, los venden. Los venden a parejas, como si fuera una adopción. Leslie, solo pensar en esto me enferma. Muchas de estas mujeres que están protestando en la manifestación simplemente están intentado encontrar a sus familiares, igual que yo. El problema es que no tienen pruebas concretas de lo que les pasó a ellos. Están aquí protestando porque quieren presionar al gobierno para que las ayude a encontrar a sus familiares; sin embargo, el gobierno niega las acusaciones de que haya personas desaparecidas.

Leslie no tenía palabras para responder. Guardó un silencio total y se puso a pensar en sus propios hijos, Nick y Alex. Otra vez Leslie intentó imaginar cómo sería si sus hijos estuvieran «desaparecidos» también. Se puso a llorar. Deseaba con todas sus fuerzas verlos y hablarles, decirles cuánto los quería. Quería saber que estaban bien. Entonces le dijo a Magdalena:

– Vámonos de aquí, regresemos a su casa ya. He visto suficiente por hoy. Voy a sacar unas fotos para mi artículo y nos vamos.

Leslie sacó algunas fotos y ambas salieron de la Plaza. No llegaron a ver la Casa Rosada de cerca. Era obvio que Leslie estaba afectadísima por la protesta. Caminando hacia la casa de Magdalena, Leslie cambió de idea: quería regresar al hotel y estar sola. Por eso, cuando llegaron a la casa de ella, le dijo:

– Perdone, Magdalena, pero no me siento muy bien. Este ha sido un día muy estresante para mí. Necesito descansar y reflexionar; pienso que lo mejor es que regrese a mi hotel. La llamaré mañana por la mañana para continuar nuestra conversación y planear cómo encontrar a Raúl. Nos vemos mañana.

Leslie se dirigió rápidamente hacia su hotel. Durante toda la caminata no hizo más que preocuparse por sus hijos. Necesitaba escuchar sus voces para saber que estaban bien.

Cuando entró al hotel, fue directamente a su cuarto y tomó el teléfono. Nerviosa, marcó el número, pero nadie contestó. Leslie llamó otra vez y dejó sonar el teléfono un minuto entero, pero... nada. Leslie sabía bien que sus hijos probablemente estaban fuera; sin embargo, no pudo controlar sus emociones. Leslie se sentó encima de la cama y se puso a llorar y a temblar descontroladamente pensando que a sus hijos les había pasado algo.

Capítulo 8
Un sentimiento de inquietud

Preocupadísima por sus hijos, Leslie continuó llamando a su casa cada cinco minutos. Después de casi dos horas, finalmente alguien contestó el teléfono. Era Alex.

– ¿Aló?

– ¡Alex! ¡Estás bien…, gracias a Dios…! –respondió Leslie, aliviada–. ¡Qué bueno escuchar tu voz! Te quiero mucho Alex; tú lo sabes…, ¿verdad?

– ¿Mami? ¿Qué te pasa? ¿Estás bien?

– Sí, mijo, yo solamente estaba preocupada por ustedes y necesitaba escuchar sus voces. ¿Y, Nick?… ¿Dónde está? ¿Está en casa?

– Nick no está, mami. Él se quedó hasta tarde en la escuela porque tenía entrenamiento de fútbol.

– Bueno. ¿Y cómo te va en las clases? ¿Todo está bien?

– Sí mami, todo está bien en la escuela y aquí en la casa. No hay ningún problema. ¿Cómo te va en la Argentina? ¿Ya terminaste la investigación?

– Todavía no, Alex, pero tengo algunas buenas pistas y he conocido[1] a una señora que me va a ayudar mucho con el artículo.

[1]he conocido - I have met

– ¿Y cuánto tiempo más te vas a quedar allá? Ya estoy cansado de comer pasta. Es lo único que sabemos cocinar.

– Voy a regresar muy pronto Alex. Y entonces, te voy a hacer tu comida favorita una semana entera por lo menos. ¡Te lo prometo!

Leslie y Alex continuaron hablando un rato más y luego colgaron. Después de hablar con Alex, y al saber que todo iba bien con los muchachos, Leslie se sintió muy aliviada. Ya tranquila, Leslie tomó su cuaderno y empezó a anotar detalles sobre los eventos del día.

Después de trabajar un rato, Leslie recibió una llamada del editor de su periódico. La llamaba para decirle que quería que hablara con un representante del gobierno. El editor pensaba que para que el artículo fuera² justo y convincente, debía darle al gobierno la oportunidad de defenderse de todas esas acusaciones que lo responsabilizaban de las desapariciones. Le dijo que gracias a las conexiones de su amigo, el periodista argentino,

²*para que el artículo fuera - in order that the article be*

había podido[3] organizar una cita con un General de las fuerzas armadas en un restaurante de Buenos Aires para el almuerzo del día siguiente.

La conversación con su jefe la puso un poco nerviosa. La idea de conversar con un representante del gobierno le preocupaba. Pensó: «Si estas acusaciones en contra del gobierno son verdaderas ¿podría tal vez pasarme algo malo a mí también?». Después de pensarlo bien, Leslie concluyó que nada malo podía ocurrir en un restaurante lleno de gente. Continuó trabajando otro rato y se acostó pronto porque tenía muchísimo sueño.

[3]había podido - he had been able

Capítulo 9
Una cita angustiosa

Por la mañana, Leslie se despertó, se bañó y se arregló sin ganas[1]. Como no tenía hambre ni ganas de comer tampoco, retomó el trabajo del día anterior sin desayunar nada. Leyó sus notas y empezó a escribir el artículo. A las nueve, llamó a

[1]*sin ganas - without feeling like it, reluctantly*

Magdalena. Le explicó que tenía una cita para almorzar, que le gustaría reunirse con ella por la tarde. Magdalena le dijo que la esperaría en casa.

Después de la llamada, Leslie continuó trabajando en el artículo. Tenía mucho que escribir, pero a la experta reportera no le fue difícil organizar sus ideas. Empezó con unos datos sobre la historia política de la Argentina. Luego continuó con el cambio de liderazgo[2] en el país, explicando cómo habían llegado al poder los militares. Por último, pasó a describir las misteriosas desapariciones de gente y cómo muchos argentinos acusaban al gobierno de ellas.

Leslie estaba concentradísima en su trabajo y se olvidó de mirar el reloj. Cuando por fin recordó que tenía que salir para su cita, tuvo un momento de pánico: ya eran casi las doce. Rápidamente guardó el cuaderno y el lápiz en su bolsa y salió del hotel. Tenía que llegar al restaurante a las doce; por suerte, encontró un taxi justo enfrente del hotel. En el camino, Leslie se puso un poco

[2]*liderazgo - leadership*

nerviosa pensando en la conversación que tendría con el General.

Después de pagarle al taxista, Leslie se bajó del carro, respiró profundamente para calmarse y entonces entró al restaurante. Al entrar, observó que el restaurante estaba completamente lleno de clientes, lo cual la tranquilizó[3]; pensó: «Por lo menos este sitio parece seguro». En un rincón, sentado a una mesa, vio a un hombre vestido de militar. Caminó hasta la mesa y le dijo al hombre:

– Hola, soy Leslie Corrales, de *World Report;* el editor de mi revista me envió para que hablara con usted…

– Mucho gusto, Leslie –respondió el General con una gran sonrisa–. Por favor, siéntate – continuó amablemente.

Mientras Leslie se sentaba, recordó el nombre del General y le respondió:

– Gracias, General Sánchez.

– ¿General Sánchez? No, no, no. Por favor, las formalidades no son necesarias conmigo,

[3]*lo cual la tranqulizó - which reassured her*

Leslie. Mis amigos me llaman Chancho.

Por un momento Leslie no supo qué decir. Ella esperaba encontrarse con un hombre antipático o enojado. Pero el General era en realidad muy simpático. Como Leslie no decía nada, el General le dijo:

– Bueno… ¿En qué te puedo ayudar, Leslie?

– Hablando francamente, General, estoy aquí en Argentina investigando unas alegaciones… Supuestamente han desaparecido muchas personas en los últimos meses. Algunos dicen que es el gobierno el que está detrás de estas desapariciones.

– Y, ¿tú crees que estas alegaciones son verdaderas, Leslie? –le preguntó el General mirándola directamente a los ojos.

Muy incómoda, Leslie hizo una pausa para pensar bien su respuesta. Le dijo:

– No estoy segura de si son verdad o no. He hablado con personas que dicen que sí…

La mesera llegó a la mesa, interrumpiendo la

conversación. A Leslie no le importó la interrupción porque la conversación se estaba poniendo tensa. Leslie pidió su comida. Mientras el General hablaba con la mesera, Leslie pensó: «Este nombre, Chancho, me suena familiar, pero ¿por qué?».

Cuando la mesera se fue, Leslie y el General continuaron con la conversación. Leslie le aseguró que ella solamente era una reportera que investigaba alegaciones y que no estaba acusando a nadie de nada. Simplemente le presentó las acusaciones que había oído y la evidencia que había encontrado. Le habló de sus conversaciones con Magdalena, su visita al apartamento de Raúl y las pancartas de las mujeres que protestaban en la Plaza de Mayo.

El General Sánchez prestó atención a las palabras de Leslie. Cuando terminó, le respondió:

– Todo esto es muy interesante, Leslie, pero yo no sé nada de estas alegaciones. Sí, por supuesto, yo también he oído rumores de que hay personas desaparecidas, pero te aseguro, sin embargo, que el gobierno no tiene nada que ver con ello. Es muy posible que estas personas que desaparecen de sus casas hayan desaparecido por su propia voluntad[4]; tal vez estén intentando escapar de algún problema y se hayan escondido por alguna razón... ¡Qué sé yo! Todos quieren echarle siempre la culpa de todos sus problemas al gobierno.

— Yo no estoy culpando a nadie, General. Sin embargo, a mí sí me parece extraño que hayan desaparecido tantas personas última-mente en la Argentina. Yo no soy nada más que una reportera que quiere descubrir la verdad. El público merece saber la verdad.

La mesera llegó con la comida y mientras la ponía sobre la mesa, de repente Leslie recordó por qué el nombre de Chancho Sánchez le sonaba tan familiar. ¡Ese nombre estaba escrito en las notas que encontraron en el apartamento de Raúl! ¡El nombre de Chancho Sánchez tenía escrita al lado la palabra «¡CULPABLE!». Este pensamiento le

[4]por su propia voluntad - on their own, willingly

63

hizo a Leslie ponerse pálida[5] y preocuparse muchísimo. ¡Estaba conversando con uno de los supuestos culpables de las desapariciones!

Cuando la mesera se alejó, el General Sánchez le dijo a Leslie calmadamente, casi sonriendo:

— Yo entiendo, Leslie, que tú eres una reportera y que no estás culpando de nada al gobierno. Y también estoy de acuerdo contigo cuando dices que el público merece saber la verdad. Yo te aseguro, incluso, que si realmente hay desaparecidos, el gobierno no tiene nada que ver con ello; el gobierno no tiene la culpa... Si me permites hablarte clara y francamente, Leslie, estás perdiendo el tiempo aquí en Argentina si piensas escribir un artículo echándole la culpa al gobierno de crímenes que no existen. Te recomiendo que dejes tu investigación y regreses a casa. Debes regresar y escribir un artículo sobre algo real y auténtico. No, no, no..., espera.

---

[5]*le hizo a Leslie ponerse pálida - it made Leslie turn pale*

Tengo una idea mejor: debes regresar a tu oficina y escribir un artículo sobre las falsas alegaciones y los rumores contra el gobierno que están corriendo por las calles de Argentina. ¡Ese sí sería un buen artículo!

Leslie entonces tuvo miedo de seguir hablando con el General sobre lo que pasaba en Argentina. Tan pronto como vio una oportunidad, cambió el tema de conversación y empezó a hablar de su familia y sus pasatiempos favoritos. Terminó su comida rápidamente, aunque ya no le quedaba apetito alguno, y le dijo al General: «Muchas gracias por dedicarme su tiempo para hablar de todo esto. Ha sido usted muy amable, General». Con esto, Leslie le dio la mano y salió del restaurante.

Capítulo 10
Una reunión inesperada

Leslie tomó un taxi y se fue directamente a la casa de Magdalena. Se sintió aliviadísima de estar fuera de la presencia del General. Él no le había hecho nada malo; sin embargo, Leslie tenía sospechas de que realmente no era un hombre honesto.

Ciertamente, no iba a abandonar el artículo y regresar a casa tan solo porque él se lo dijera.

Al llegar, Leslie tocó a la puerta y Magdalena abrió. Leslie observó que Magdalena tenía los ojos muy rojos por haber llorado y estaba pálida y temblando. Magdalena la agarró de la mano y la metió dentro de la casa sin decir nada; cerró con llave la puerta[1] nerviosamente.

– Tengo mucho miedo Leslie. Anoche recibí una llamada con una voz extraña amenazándome a gritos[2]. Me dijeron que si continúo hablando contigo, desapareceré yo también. Leslie, yo no sé cómo, pero ellos lo saben todo.

Magdalena empezó a llorar histérica. Leslie la abrazó e intentó calmarla, pero no sirvió de nada. Magdalena estaba llorando descontrolada porque no podía aguantar el peso de tanto sufrimiento. Lloró y lloró un buen rato sin parar y entonces le dijo a Leslie con un tono de frustración:

[1]cerró con llave la puerta - she locked the door
[2]amenazándome a gritos - threatening me loudly

– ¿Por qué? ¿Por qué a mí? ¿Por qué a mi hijo Raúl? Somos buenas personas, ¿verdad? No le hacemos mal a nadie. No es justo Leslie. No es justo...

– Lo sé Magdalena, lo sé. No es justo, –le aseguró Leslie aún abrazándola–. Pero no pierdas la esperanza, vamos a encontrar a Raúl.

En ese momento, alguien tocó a la puerta. Las dos mujeres se asustaron y se miraron con miedo. No dijeron nada y guardaron silencio total. Llamaron a la puerta otra vez. En voz muy baja, Magdalena le dijo a Leslie:

– Ven conmigo, vamos a escondernos debajo de la cama en mi cuarto.

Leslie fue con Magdalena y se escondieron en silencio. Nadie volvió a tocar a la puerta. Las mujeres, asustadas, se quedaron en silencio debajo de la cama un buen rato. Cuando vieron que no pasaba nada, decidieron salir del cuarto. Fueron a la sala y Magdalena miró por la ventanilla de la puerta.

De repente, Magdalena gritó con horror.

Temblaba tanto que tuvo dificultad en abrir la puerta. Cuando por fin la abrió, se tiró[3] al piso abrazando a un hombre que estaba en la entrada. El hombre estaba en muy mala condición. Tenía marcas moradas en la cara. Parecía muy débil y descuidado. Los dos se pusieron a llorar. Instantáneamente, Leslie supo que el hombre era Raúl.

Leslie se quedó allí parada observando el reencuentro de Magdalena y Raúl sin decir nada. Ella se sintió inundada de emoción y empezó a llorar también. Eran lágrimas de alegría. Después de unos minutos, Leslie se acercó a Magdalena y le dio un abrazo muy fuerte. Le dijo en voz baja:

– Regresó, Magdalena… ¡Su hijo ya regresó a casa!

Con esto, Leslie fue a la cocina y llenó un vaso con agua. Magdalena ayudó a Raúl a levantarse y a entrar a la casa. Leslie le dio el vaso de agua y él se lo tomó rápidamente. Cuando terminó con el agua, Raúl les anunció a las señoras:

[3]se tiró - she threw herself

– ¡Tenemos que irnos ahora mismo!
Corremos mucho peligro[4]. Cuando ellos
noten que yo he escapado, van a venir aquí
para buscarme. ¡Vámonos!

Magdalena fue a su cuarto y agarró algo de
ropa. Metió la ropa y unos papeles importantes en
una maleta y rápidamente salieron los tres del
apartamento.

– ¿Adónde podemos ir? –preguntó Magdalena.

– Tenemos que ir a algún sitio adonde no nos
vayan a buscar –indicó Raúl.– Conozco un
restaurante pequeño en las afueras de Buenos
Aires donde fui una vez con unos amigos.
Vamos allí.

Los tres tomaron un taxi enfrente del edificio.
Pronto llegaron al restaurante y se sentaron en un
rincón para hablar sin peligro. Era claro que necesitaban un buen plan, pero primero Raúl empezó
a contarles lo que le había ocurrido durante los
últimos días. Le dijo a Leslie que podía tomar

[4]*corremos mucho peligro - we are in a great deal of
danger*

notas para su artículo. En voz baja Raúl les dijo:

– Fue horrible. Una noche unos enmascarados entraron a mi apartamento cuando yo estaba mirando la televisión. Me agarraron y me taparon la boca. Luego estuvieron por todo mi apartamento, tirando los muebles y buscando entre mis papeles; insultándome y llamándome «sucio subversivo» a gritos. Me dijeron que igual que mis amigos, yo pagaría por conspirar contra el gobierno. Yo no sabía de qué hablaban; nunca he conspirado contra nadie.

Raúl siguió contando su historia:

– Me bajaron a la calle y me metieron en un bus. Yo vi a otros hombres allá dentro. Tenían la boca y los ojos tapados. Había una mujer también, con un bebé que lloraba y lloraba histéricamente. A mí me taparon los ojos y ya no pude ver nada más. De repente el bebé paró de llorar. Creo que le taparon la boca también. ¡Los animales le taparon la boca a un bebé inocente!

Raúl hizo una pausa. Era obvio que era difícil hablar de su experiencia. Respiró profundamente y continuó:

– Nos llevaron a un sitio no muy lejos; al escapar, vi que era la ESMA. Nos sacaron del bus uno a uno, nos llevaron dentro del edificio y nos metieron en un cuarto. Allí me empezaron a golpear. Hubo un punto en que perdí la conciencia y no recuerdo nada más de la primera noche. Cuando me desperté, vi que estaba en el sótano de un edificio; me habían destapado los ojos y observé que el cuarto no tenía ventanas. Olía fuertemente a quemado[5]. Oí golpes y gritos que parecían venir de otros cuartos. Estuve allí, sentado en el piso, durante lo que me pareció una eternidad. No sabía qué me iban a hacer y temblaba descontroladamente de miedo.

Otra vez Raúl tuvo que componerse. Su voz temblaba y sus ojos se llenaron de lágrimas. Cerró los ojos y esperó un momento antes de continuar:

[5]*olía fuertemente a quemado - it smelled like something burning/burnt*

– En un punto dado un hombre entró al cuarto,
me agarró del brazo y me jaló fuertemente.
Me llevó arriba, al mismo cuarto del día
anterior, para interrogarme. En la escalera me
tiraron contra la pared y me lastimé la cabeza. Todo el tiempo me repetían que yo era un
«subversivo» y que ellos me darían mi merecido. ¡Mi merecido! Pero si yo no había
hecho nada malo, ¡¿cómo me podía merecer
eso?!

Raúl notó que su madre estaba llorando.
Magdalena no podía aguantar más, estaba sufrien-
do mucho al escuchar los detalles de su tortura.
Pensando en ella, decidió no contar más.
Magdalena se levantó para abrazarlo, repitiéndole
cuánto lo quería.

Capítulo 11
Una foto crucial

Mientras Magdalena abrazaba a Raúl, Leslie los observó sin decir nada; se dio cuenta de que ellos necesitaban tiempo para estar a solas. Con una voz llena de compasión, les dijo:

– Perdónenme, pero veo que ustedes necesitan

tiempo para estar a solas y yo necesito regresar a mi hotel, pues espero una llamada del editor de mi periódico. Voy a dejarlos aquí un rato para que puedan hablar con calma y tranquilidad.

Leslie tomó una hoja de su cuaderno y escribió el número telefónico del hotel. Pasándole el papel a Magdalena les dijo:

— Por favor, llámenme a mi hotel más tarde, cuando terminen de hablar. A mí me gustaría regresar aquí y continuar esta conversación si les parece bien. También, si ustedes quieren, yo puedo buscar ayuda a través de mi gobierno. Mañana podemos ir a la embajada americana y explicar su situación. Tiene que haber[1] alguna manera de ayudarlos.

— Gracias por todo Leslie, —le respondió Magdalena sinceramente–. Nosotros la llamamos más tarde para continuar con la conversación.

[1] *tiene que haber - there has to be*

– Sí, Leslie, –le dijo Raúl–. Tengo mucha información que ofrecerle para su artículo. Es hora ya de que el mundo sepa[2] lo que está pasando en Argentina. Estoy preparado para informarle de todo si ello puede ayudar a terminar con la violencia.

– Gracias Raúl, –contestó Leslie–. Lo más importante es que ya estás a salvo. Bueno, ya me voy. Nos hablamos cuando me llamen más tarde.

Leslie salió del restaurante, se subió a un taxi y le dio al chofer la dirección de su hotel. Durante el camino se puso a pensar en el artículo y de repente, se dio cuenta de que le faltaba algo. Para que no cupieran dudas de la exactitud del artículo, necesitaba algún tipo de evidencia gráfica, aunque tan solo fuera una simple foto. En ese momento no le cupo duda de lo que tenía que hacer. Le dijo al chofer:

– Perdón señor, pero he cambiado de idea. Me

[2]*es hora ya que el mundo sepa - it is time that the world knew*

gustaría ir a La Escuela de Mecánica de la Armada, por favor.

Por el espejo retrovisor[3] el chofer le echó una mirada de curiosidad, pero dio vuelta en dirección hacia la Escuela. Cuando llegaron, Leslie le pagó y el chofer se fue rápidamente.

Al darse cuenta de lo céntrica que quedaba la Escuela, en plena[4] Avenida del Libertador, Leslie se quedó sorprendidísima. ¡El centro de tortura adonde llevaban a tanta gente quedaba dentro de los límites de la ciudad de Buenos Aires, muy cerca de la universidad y a plena vista de todos!

Desde el pavimento de enfrente sacó unas fotos del edificio y pudo observar que la Escuela tenía un edificio principal; grande y blanco. Leslie pasó discretamente en frente de la puerta de entrada de la propiedad. Desde allí, todo parecía normal, no había nada sospechoso. Leslie no entró en el edificio blanco directamente, sino que caminó por detrás de él, pudo así observar la existencia de otros edificios. Leslie caminó silenciosamente

[3]*espejo retrovisor - rearview mirror*
[4]*en plena - right on*

rodeando los diferentes edificios de la Escuela Militar y observándolo todo atentamente. No había evidencia ninguna de que hubiera[5] algo fuera de lo normal. En uno de los edificios Leslie vio una ventana a nivel del suelo. Ella se acercó para mirar hacia adentro, tratando de ver el interior.

Cuando Leslie miró por la ventana ella se asustó muchísimo. Vio a una mujer encadenada a la pared por las manos y los pies. Vio también a unos hombres con uniformes militares que le estaban gritando. Leslie quería ayudarla, pero sabía que no tenía la más mínima oportunidad de hacer algo por ella.

De repente, Leslie sintió cómo una mano le tocaba el hombro. Cuando se levantó, vio a un oficial de uniforme militar. El hombre le dijo:

– Perdón, señora, ¿puedo ayudarla?

– Aaaa… no…gracias…, está bien. Yo ya me iba, le respondió Leslie nerviosamente.

– No señora, –le respondió el oficial mientras la tomaba de la mano–. Yo quiero ayudarla.

[5]*que hubiera - that there was*

– No, no, está bien. Tengo que irme ahora.

– Usted es Leslie, ¿verdad? –le interrumpió el oficial–. ¿La reportera de la revista *World Report*?

– Sí..., –le respondió ella con cara de confusión–. ¿Cómo sabe usted mi nombre?

– Venga conmigo, señora –y mirando la cámara que Leslie tenía en la otra mano, continuó–, si usted quiere sacar más fotos, yo puedo llevarla adentro de los edificios también.

– No, está bien, gracias. Yo tengo que irme, tengo una cita…

Al decir esto, el hombre la agarró fuertemente del brazo y le dijo:

– No Leslie, yo insisto. Vamos adentro...

El oficial llevó a Leslie dentro de uno de los edificios de la ESMA. Caminaron por un pasillo largo y entraron en una oficina. El oficial le soltó[6] entonces el brazo y salió de la oficina, pero se paró delante de la puerta. En la oficina había un

---

[6]*le soltó - he released her, let her go*

escritorio enorme con una silla de espalda alta.

Sentado en la silla y dando la espalda[7] a Leslie, otro oficial miraba por la ventana que daba al patio.

Cuando el oficial se dio la vuelta, Leslie se asustó. Era el General «Chancho» Sánchez. Leslie se puso a temblar de miedo. Calmadamente el General puso las manos sobre el escritorio y le dijo:

— Estoy muy decepcionado contigo, Leslie. Yo no sé por qué tuviste que venir aquí. De muy buen modo te dije en el restaurante que regresaras a casa, ¿verdad? Te dije que estabas perdiendo el tiempo tratando de escribir un artículo para echarle la culpa al gobierno, ¿verdad? Te dije que dejaras tus investigaciones, pero tú no me escuchaste. Bueno Leslie, tendrás lo que buscas…

Con esto, el General se levantó y anunció al oficial del pasillo:

— ¡Oficial, lleve a la señora al sótano! Ella quiere continuar con sus investigaciones.

[7]dando la espalda - *turning his back*

Capítulo 12
La espera

Esa noche, Nick y Alex no recibieron ninguna llamada de Leslie. Ellos pensaron que era raro que su madre no los llamara, pero no se preocuparon mucho. Al día siguiente los muchachos fueron a la escuela como cualquier otro día. Después de sus clases, Nick fue al entrenamiento de fútbol. Por la noche, esperaron la llamada de Leslie, pero otra vez, ella no llamó. Los muchachos se preocuparon un poco, pero se fueron a dormir pensando simplemente que su madre debía estar ocupadísima con el trabajo.

Finalmente, cuando al tercer día los muchachos tampoco recibieron ninguna llamada, se quedaron realmente preocupados por su madre. En la mañana del cuarto día Nick no fue a la escuela. Se subió a su carro y fue a la oficina de *World Report*. Allí, el nervioso hijo encontró al editor de la revista, el jefe de Leslie. El jefe evitaba mirarle a los ojos y era obvio que estaba preocupadísimo también. Con voz temblorosa, Nick le preguntó:

– Disculpe la molestia, pero ¿ha recibido noticias de mi madre? Nosotros llevamos cuatro días sin saber nada de ella.

– No. Lo siento. Tampoco he recibido noticias de ella. Hace cuatro días también que no tengo contacto con ella.

La respuesta del editor dejó a Nick sumamente preocupado. Con voz de angustia, le respondió al jefe:

– ¡Estoy muy preocupado, señor! Mi madre es súper responsable y hasta hace cuatro días, nos había llamado todas y cada una de las noches. Algo debe haberle pasado[1] a ella, si no, nos hubiera llamado[2] para saber cómo estamos. Tal vez mi madre no esté bien. ¡Debemos hacer algo!

– No te preocupes, Nick. Tienes que calmarte. Déjame ponerme en contacto con algunos colegas argentinos. Yo te llamaré tan pronto tenga cualquier información.

Quedaron de acuerdo en mantenerse en contacto y llamarse en cuanto recibieran noticias de Leslie. Nick se fue de la oficina con un terrible sentimiento de inquietud. No sentía mucha esperanza.

[1]algo debe haberle pasado - something must have happened to her
[2]nos hubiera llamado - she would have called us

Al día siguiente, Alex y Nick siguieron sin saber nada de su madre y se preocuparon aún más. Ninguno de los dos fue a la escuela y Nick no fue tampoco a los entrenamientos de fútbol. No podían concentrarse ni pensar en nada más que en su madre. Ambos pensaban en todo lo que le podía haber ocurrido[3] e imaginaban cosas terribles, pero ninguno de los dos habló de ello; no querían decirlo en voz alta. A Nick ya no le quedaban ningunas ganas de hacer una fiesta, tan solo quería que su madre los llamara o mejor, incluso, ¡que volviera!

Dos días después, el editor de la revista les llamó a casa. Nick contestó el teléfono y Alex salió corriendo hacia el otro teléfono para escuchar la conversación. Quería oír todo lo que el jefe dijera de su madre.

– Hola Nick. Habla el Sr. Walters. Te llamo para decirte que hablé con la embajada de los Estados Unidos en Argentina y les avisé de que llevamos días sin saber nada de tu madre.

[3]*podía haber ocurrido - could have happened*

– ¿Y...?

– Bueno..., pues..., no tienen información alguna acerca de ella.

– ¿Qué tipo de investigación estaba realizando mi madre?

– No puedo decirte.

Al oír esto, Alex, enfurecido, le dijo a gritos:

– ¿No puede decirnos? ¡Usted envió a mi madre sola a un país extraño, metiéndola en una situación peligrosa y ahora, ¿no quiere contarnos la verdad?! ¡Usted es responsable de la desaparición de mi madre y le demando que nos dé una explicación!

– Alex, calla un momento –respondió Nick firmemente–. Señor Walters, por favor, mi hermano y yo queremos encontrar a nuestra madre. Estamos preparados para irnos a Argentina, si es necesario. Le estaríamos muy agradecidos si nos diera toda la información que pueda. Señor, tenemos que encontrarla. No tenemos a nadie más que a ella.

– Les aseguro que estoy haciendo todo lo posible para encontrar a su madre. He enviado a dos reporteros a Buenos Aires para buscarla; salieron anoche hacia allá. Además, solicité ayuda al gobierno argentino y al gobierno estadounidense. En el momento en que tenga noticias, les llamaré.

Una semana más tarde, les llegó una carta certificada. Era un informe de las oficinas de *World Report*. Nick tomó la carta, la abrió y la leyó en silencio:

jueves, 20 de octubre: Llegamos al hotel de Leslie. Preguntamos por ella. La recepcionista negó que hubiera[4] una «Leslie Corrales», de los Estados Unidos, registrada en el hotel. No confiamos en ella y pedimos hablar con el dueño del hotel. En unos minutos el dueño se presentó e insistimos en que Leslie se había quedado por lo menos unas noches en el hotel. Con eso, el dueño nos

---

[4]*negó que hubiera - she denied that there was*

ofreció ver el libro de reservaciones y visitas del hotel. Notamos que el libro estaba en muy buena condición, parecía nuevo. Solamente tenía dos semanas de reservaciones anotadas. El nombre de Leslie no estaba en la lista. Era obvio que no iban a darnos ni un gramo de información.

Llamamos a la casa de Magdalena, pero nadie contestó. La llamábamos varias veces, pero nadie contestó. Fuimos hasta allá, pero no había nadie. La puerta no estaba asegurada, así que entramos y vimos que la casa estaba en total desorden con muebles y papeles tirados por todos lados (véanse[5] las fotos incluidas). También fuimos al apartamento del hijo de Magdalena, pero estaba abandonado. Un vecino nos indicó que el apartamento llevaba vacío más de una semana.

[5]véanse - see (command)

viernes, 21 de octubre: Fuimos a la embajada americana para hablar de la desaparición de Leslie Corrales, ciudadana norteamericana de visita en Argentina.

Regresamos a la casa de Magdalena para interrogar a los vecinos, pero todos se negaron a hablar con nosotros, incluso nos cerraron la puerta en la cara. Era obvio que todos tenían miedo.

sábado, 22 de octubre: Unos agentes de la embajada americana nos acompañaron a la oficina del Departamento Nacional de Migración del aeropuerto para ayudarnos con la investigación. Los agentes de Migración revisaron delante de nosotros el archivo de las entradas de visitantes. El nombre de Leslie Corrales no se encontraba en la lista. Los agentes de la embajada se negaron a hacer más por nosotros. Insinuaron que posiblemente Leslie necesitaba escapar o esconderse por alguna razón y

que por eso ella se había inventado este viaje a Argentina.
Insistieron en que Leslie no había
estado nunca en Argentina.

domingo, 23 de octubre:
Regreso a los EE.UU.

Al terminar de leer el informe, Nick se echó a llorar. Alex lo escuchó desde su dormitorio y en ese mismo momento, supo que nunca más volvería a ver a su madre.

Epílogo

Durante los años siguientes, el gobierno militar de Argentina, responsable de miles atrocidades en contra de su gente, acabó perdiendo el control del país. En 1983 se estableció un nuevo gobierno. Durante muchos años, los responsables de la violencia fueron protegidos por los sucesivos gobiernos y evitaron ser juzgados[1] por sus crímenes. Años más tarde, debido a la presión del pueblo, el gobierno de Argentina empezó a investigar las desapariciones, buscando y juzgando a los responsables de los crímenes cometidos en contra de

la humanidad. Muchos de los criminales ya han sido declarados culpables y están en la cárcel. Sin embargo, algunos de ellos todavía andan libres, sin haber sido[2] condenados.

Gracias al trabajo de los reporteros, las Abuelas y las Madres de la Plaza de Mayo y

---

[1]*evitaron ser juzgados - they avoided being judged or tried*
[2]*sin haber sido - without having been*

muchas otras personas que nunca olvidaron a las personas desaparecidas, fue revelado al público que la ESMA realmente era un centro de tortura y muerte. Años después de la tragedia, el gobierno argentino por fin admitió públicamente que en la ESMA, así como en otros centros y edificios, se habían cometido crímenes en contra de la humanidad. Hoy en día, las instalaciones de la ESMA se han convertido en un museo dedicado a las víctimas de la Guerra Sucia y sirven como monumento conmemorativo, con el fin de que nunca se repitan los eventos del pasado.

Nota del autor al lector

Tal vez usted esté decepcionado por la forma tan abrupta en que terminó esta novela. Es probable que tenga infinidad de preguntas sobre qué fue lo que acabó ocurriéndole a Leslie y sobre cómo les afectó todo esto a sus hijos. Es probable que usted se pregunte también qué fue lo que les ocurrió a Magdalena y a Raúl. Hay cientos de miles de personas en la Argentina que también quieren saber qué ocurrió con todos y cada uno de sus queridos familiares y amigos desaparecidos durante los años 70 y 80.

Durante lo que ahora se llama la «Guerra Sucia» en Argentina, las vidas de muchas personas terminaron así, abruptamente. Se estima que hasta 30,000 personas «desaparecieron» durante los años 1976-1983. En muchos casos las familias de los «desaparecidos» nunca supieron nada más de sus seres queridos. Las preguntas y dudas sobre lo que pudo haberles pasado[3] a sus familiares, todavía hoy, atormenta a muchos argentinos.

[3]*pudo haberles pasado - could have happened to them*

Glosario

A

a - to

a través - across; through

abandonado - abandoned

abandonar - to abandon

abierta - open

abiertos - open

abogado - attorney

abrazaba - s/he, I was hugging, hugged

abrazando - hugging

abrazándola - hugging her

abrazarlo - to hug him

abrazo - hug

abrazó - s/he hugged

abrí - I opened

abrió - s/he opened

abrir(la) - to open it

abróchense - fasten

abrupta - abrupt

abruptamente - abruptly

absoluto - absolute

abuelas - grandmothers

acabó - it ended up; s/he just

acción - action

acerca - about

(se) acercó - s/he approached

acompañaron - they accompanied

(estaba) acostado - (was) lying down

(se) acostó - s/he lay down

actitud - attitude

actividad - activity

actividades - activities

actos - actos

actual - existing, present

acuerdo - agreement, accord

acusaban - they accused

acusaciones - accusations

acusando - accusing

adelante - forward, ahead

además - besides, furthermore

adentro - inside

admitió - s/he admitted

adonde - to where

adónde - to where

adopción - adoption

aduanas - customs (government agency)

adultos - adults

aéreas - aerial

aeropuerto - airport

afectadas - affected

afectadísima - greatly affected

93

afectar - to affect
afectó - it affected
afueras - outskirts, edge
agarraron - they grabbed
agarró - s/he grabbed
agentes - agents
agradecido(a) - grateful
agradecidos - grateful
agradecimiento - gratitude
agradezco - I thank
agua - water
aguantar - to bear, endure, put up with
ahora - now
aire - air
al - to the
alegaciones - allegations
alegría - happiness, joy
(se) alejó - s/he backed off, went away
algo - something
alguien - someone
algún - some
algunos(as) - some
aliviada - relieved
aliviadísima - very relieved
allá - (over) there
allí - there
almorzar - to have lunch

almuerzo - lunch
aló - hello
alta(s) - tall
alto(s) - tall
alumnos - students
amable - friendly, kind
amablemente - kindly, amiably
ambos(as) - both
amenaza - threat
amenazándome - threatening me
americana - American
amigos(as) - friends
amigotes - buddies
andan - they walk
(que) ande - (that) s/he walk
angustia - anguish, distress
angustiosa - distressing
animales - animals
anoche - last night
años - years
anotada(s) - annotated
anotar - to annotate
ansiedad - anxiety
ansiosa - anxious
anterior - previous, former
antes - before
antipático - mean
anunció - s/he announced

aparentemente - apparently

apartamento - apartment

aparte - apart, besides

apetito - appetite

apoyar - to support

aprecio - appreciation, esteem

aprobado - approved

aprobó - s/he approved

aprovechar - to take advantage of; exploit

aquellos - those

aquí - here

archivo - file

argentina(s) - Argentine

argentino(s) - Argentine

armadas(os) - armed

armas - arms, weapons

arreglarse - to get ready, to freshen up or prepare one-self

(se) arregló - s/he got ready, freshened up

arrestar - to arrest

arrestaron - they arrested

arriba - up, above

artículo(s) - articles

asegura - s/he assures

(la puerta no estaba) asegurada - (the door was not) locked

aseguro - I assure

aseguró - s/he assured

asesinatos - murders

así - like this, like so

así que - so

asientos - seats

aspiraciones - aspirations

asustadas - frightened, scared

(se) asustaron - they became/got frightened, scared

(me) asusté - I became/got frightened or scared

(se) asustó - s/he became/got frightened or scared

ataques - attacks

atención - attention

atentamente - attentively

aterrizaremos - we will land

aterrizó - s/he it landed

atormenta - torments

atrocidades - atrocities

aún más - even more

aunque - although

ausencia - absence

auténtico - authentic

autor - author

avanzar - to advance

avenida - avenue

avión - airplane

avisándole - advising, warning, telling (him/her)

avisas - you tell, inform him

avisé - I advised, told, informed

aviso - warning

ayuda - help

ayudar - to help

ayudaría - would help

ayudarla - to help her

ayudarlos - to help them

ayudarme - to help me

ayudarnos - to help us

(que) ayude - (that) s/he, it I help

ayúdenme - help me

ayúdennos - help us

ayudó - s/he helped

B

(voz) baja - low, soft (voice)

(me) bajaron - they lowered (took) me

(voz) bajita - very low, soft voice

bajo - under, underneath

(se) bajó - s/he got out of, off of

bajó la mirada - looked down

balcón - balcony

banco - bank

(se) bañó - s/he took a bath, bathed

basadas - based

basta - enough

(¡Ya) basta! - Enough already!

bebé - baby

bebés - babies

beneficiaría - s/he would benefit

Biblia - Bible

bien - well, fine

bienvenido(a) - welcome

blanco(a) - white

boca - mouth

bolsa - bag, purse

bonito(a) - pretty

(a) bordo - aboard

botados - thrown, dumped

brazo - arm

breve - brief

brillaba - s/he, it was shining, shined

brisa - breeze

bruscamente - brusquely

buen - good

buena(s) - good

bueno(s) - good

bus - bus

busca - s/he looks for

buscaba - s/he, I was looking for, looked for

buscando - looking for

buscar - to look for

buscar(lo/la) - to look for (it)

buscarme - to look for me

buscas - you look for

buscó - s/he looked for

busquemos - we look for

C

caballeros - gentlemen

(no) cabe duda - there is no doubt, no room for doubt

caber - to fit

cabeza - head

(no) cabía duda - there was no doubt, no room for doubt

cada - each

cadena - chain

(no me) cae bien - I do not like

café - coffee

calla - be quiet; shut up

callada - quiet

calle(s) - street(s)

calma - calm

calmadamente - calmly

calmado - calm

calmarla - to calm her

calmarse - to calm oneself

calmarte - to calm yourself

cálmese - calm down

cama - bed

cámara - camera

cambiado - changed

cambiar - to change

cambiar(me) - to change (for me)

cambió - s/he changed

cambio(s) - change(s)

caminando - walking

caminar - to walk

caminaron - they walked

caminata - walk

camino - way

caminó - s/he walked

campeonato - championship

campo - field, camp

cansada - tired

cansadísimo - extremely tired, exhausted

cansado(a) - tired

cara - face

cárcel - jail

carpeta - folder

carrera - career

carro - car

carta(s) - letter(s)

casa(s) - house(s)

casi - almost

casos - cases

causaba - it caused

causado - caused

causando - causing

causó - it caused

celebración - celebration

celebrar - to celebrate

cena - dinner, supper

cenar - to eat dinner, supper

céntrica - central

centro - center; downtown

centros - centers

cerca - close, nearby

cerquita - very close

cerraron - they closed

cerró - s/he closed

certificada - certified

chicos - boy(s), boys and girls

chiquitos - little boys, little boys and girls

chofer - driver

cientos - hundreds

ciertamente - certainly, surely

ciertos - certain

cinco - five

cinturones de seguridad - seatbelts

círculo - circle

circunstancias - circumstances

cita - appointment

ciudad - city

ciudadano(a) - citizen

ciudadanos - citizens

clara(o) - clear; clearly

clases - classes

clasificaremos - we will qualify

clientes - customers; clients

cocina - kitchen

cocinar - to cook

colegas - colleagues

colgaron - they hung up

colgó - s/he hung up

combatir - to combat

comentario - comment

comer - to eat

cometido(s) - committed

cometiendo - committing

comida - food

cómo - how

como - how, like

compañero(s) - co-worker(s), classmate(s)

compasión - compassion

completamente - completely

componerse - to compose himself

compras - purchases

(hacer) compras - to go shopping

comprendes - you understand

comprendió - s/he understood

comprendo - I understand

con - with

concentradísima - very focused

concentrarse - to concentrate

conciencia - conscience

concluía - it concluded

concluyó - she concluded

concretas - concrete

concreto - concrete

condenados - convicted

condición - condition

conectadas - connected

conexiones - connections

(mesa de) conferencias - conference table

confiamos - we trust

conflicto - conflict

confundida - confused

confusión - confusion

conmemorativo - commemorative

conmigo - with me

conocían - they knew

conocido - known

conozco - I know, am familiar

(se le) considera - s/he is considered

considerablemente - considerably

consideración - consideration

considéralo - consider it

considerando - considering

consideraron - they considered

consistía - it consisted

conspirado - conspiring

conspirar - to conspire

constitución - consitution

contacto(s) - contact(s)

contando - telling

contar(les) - to tell (them)

contar(nos) - to tell (us)

contenía - it contained

contenían - they contained

contenidos - contents

contestar - to answer

contestó - s/he answered

contiene - it contains

contigo - with me

continuaba - it continued

continuar - to continue

continuaron - they continued

continuó - s/he continued

continúo - I continue

contra - against

control - control

controlar - to control

controlarnos - to control us

convencerse - to convince herself

conversación - conversation

conversaciones - conversations

conversando - conversing

conversar - to converse

convertido - converted

(se) convertirían - they would become

convertirse - to become

convincente - convincing

(se) convirtió - she became

corremos - we run

corriendo - running

corrupto - corrupt

cortésmente - courteously

cosas - thing

**creer- **to believe

crees - you believe

creíble - believable

creo - I believe

crímenes - crimes

criminales - criminals

crítica - critical

crucial - crucial

cuaderno - notebook

cual - which

cuál - which

cualquier - whatever

cuando - when

cuándo - when

cuando mucho - at most

cuanto - how much

cuánto - how much

cuarto(s) - room(s)

cuatro - four

(se dio) cuenta - s/he realized

cueva - cave

cuidado - care

cuidar - to take care of

cuidarnos - to take care of us

culpa - guilt, fault, blame

culpable(s) - guilty

culpando - blaming

cumplir - to fulfill, to accomplish

(no) cupieran duda - there was no doubt

(no) cupo duda - there was no doubt

curiosidad - curiosity

D

da - s/he gives

daba - s/he, I was giving, gave

daban - they were giving, gave

dado - given

damas - ladies

dando - giving

dándoles - giving to them

daño - harm, injury

dar - to give

darían - they would give

darle - to give him/her

darles - to give them

darme - to give me

darnos - to give us

darse cuenta - to realize

datos - data, information

(que) dé - (that) s/he give

de - of, from

de hecho - in fact

de muy buen modo - in a very nice way

de todos modos - anyway, in any case

debajo - below, underneath

debe - s/he should, ought

(algo) debe haberle pasado - something must have happened to him/her

debemos - we should, ought

deben - they should, ought

debería ir - s/he I should go

debes - you should

debía - s/he I should, must

debían - they should, must

debido a **-** due to

débil - weak

debo - I should, ought, must

decente - decent

decepcionado - disappointed

decía - s/he, it, I was saying, said

decían - they were saying, said

decidido - decided

decidieron - they decided

decidió - s/he decided

decir - to say

decirle - to say to him/her

decirles - to say to them

decirlo - to say it

decirnos - to say to us

decirte - to say to you

decisión - decision

declarados - declared

dedicada(o) - dedicated

dedicarme - to dedicate myself

defenderse - to defend him/herself

dejado - left

déjame - let me

dejar - to leave (behind)

dejar de - to stop (doing something)

(que) dejaras - (that) you stop

dejarlos - to leave them

(que) dejes - (that) you leave

dejó - s/he left, let

del - of the, from the

delante de - in front

demandar - to demand

demando - I demand

demasiado - too much

democracia - democracy

democráticamente - democratically

demostrarlo - to show it, to prove it

dentro (de) - inside (of)

denunciarlo - to report it

departamento - department

dependemos - we depend

deportes - sports

deprimente - depressing, dismal

derecha - right

derechos - rights

desafortunadamente - unfortunately

desaparecen - they disappear

desaparecer - to disappear

desapareceré - I will disappear

desaparecía - s/he, I was disappearing, disappeared

desaparecidos(as) - disappeared

desapareciendo - disappearing

desaparecieran - they disappeared

desaparecieron - they disappeared

desapareció - s/he disappeared

desaparición - disappearance

desapariciones - disappearances

desayunar - to eat breakfast

descansando - resting

descansar - to rest

descontrolada - out of control

descontroladamente - uncontrollably

describir - to describe

descubras - you discover

descubrí - I discovered

descubrir - to discover

descubriría - s/he I would discover

descuidado - careless, neglected

desde - since, from

deseaba - s/he, I was wishing, wished

deseas - you wish

desempleo - unemployment

deseos - wishes

desesperadamente - desperately

desestabilizar - to destabilize

desorden - disorder, a mess

desorientada - disoriented

(se) despertaron - they woke up

(me) desperté - I woke up

(se) despertó - s/he woke up

después - after

destapado - uncovered

destapar(lo) - to uncover (it)

(que) destapara - (that) s/he I [would] uncover

destaparlo - to uncover it

(que) destape - (that) s/he I uncover

(que) destapemos - (that) we uncover

detalles - details

detrás - behind

devolvió - s/he returned (an item)

(que sean) devueltos - (that they be) returned

día(s) - day(s)

dice - s/he says

dicen - they say

dices - you say

dicho - said

dieciocho - eighteen

dieciséis - sixteen

(si nos) diera - (if) s/he I gave (to us)

diferencias - differences

diferente(s) - different

difícil - difficult

dificilísimo - very difficult

dificultad - difficulty

digo - I say

dije - I said

(que) dijera - (that) s/he I said

dijeron - they said

dijo - I said

dinero - money

dio - s/he gave

(se) dio cuenta - s/he realized

dio la vuelta - s/he turned around

Dios - God

dirección - address; direction

direcciones - addresses

directamente - directly

(se) dirigió hacia - s/he headed toward, went toward

discretamente - discretely

disculpe - excuse me, sorry

disputa - dispute

distraerse - to distract oneself

doce - twelve

documento - document

dólares - dollars

dolor - pain

domingo - Sunday

donde - where

dónde - where

dormida - asleep

dormir - to sleep

dormitorio - bedroom

dos - two

doy - I give

duda(s) - doubt(s)

dudo - I doubt

dueño - owner

durante - during

durara - it lasted, it would last

durmiendo - sleeping

duro - hard

E

e - and (before a word that starts with 'i' or 'y')

echado - thrown

echándole la culpa - casting blame on him/her/it

echar - to throw, cast, pour

echarle la culpa - to cast blame on him/her/it

echó - s/he it threw, cast

(se) echó a llorar - s/he burst into tears

economía - economy

económicamente - economically

edad - age

edificio(s) - building(s)

editor - editor

ejército - army

el - the

él - he

elecciones - elections

electoral - electoral

eligió - s/he elected, selected

ella - she

ellas - they

(por) ello - because of that

ellos - they

embajada - embassy

(sin) embargo - however; nevertheless

emoción - excitement; emotion

emociones - emotions

empanadas argentinas - bread or pastry stuffed with meat

empezado - begun

empezar - to begin

empezaron - they began

empezó - s/he began, started

en - in

en seguida - immediately, promptly

encadenada - chained

(me) encanta - it enchants me; I love it

(te) encantan - they enchant you; you love them

encerrado - enclosed, shut in

encima - on top, above

(no se) encontraba - it was not found

encontrado - found

encontrar(lo/la) - to find, to encounter it

encontrar(se) - to meet, encounter (each other)

encontraremos - we will find

encontraría - s/he I would find

encontrarla - to find, to encounter her, it

encontrarlas - to find, to encounter them

encontrarlo - to find, to encounter him, it

encontraron - they found, encountered

encontrarse - to find oneself

encontré - I found

encontremos - we find

encontró - s/he found, encountered

enemigo - enemy

enferma - sick, ill

enfermó - s/he got sick

enfrente - in front

enfurecido - enraged

enmascarados - masked

enojado - angry

enorme - enormous

enormemente - enormously

enseguida - right away

entero(a) - whole

entiende - s/he understands

entiendo - I understand

entonces - then

entraba - she was entering

entrada(s) - entrances

entramos - we entered

entrar - to enter

entraron - they entered

entre - between

entrenador - trainer

entrenamiento(s) - training(s), practice(s)

entrenando - training

entró - s/he entered

entusiasmo - enthusiasm

enviado - sent

envió - s/he sent

era - s/he, it was

eran - they were

eres - you are

es - s/he, it is

esa - that

esas - those

escalera - stairs

escapado - escaped

escapar - to escape

escolares - school

esconde - s/he hides (something)

esconder - to hide (something)

escondernos - to hide ourselves

esconderse - to hide oneself

escondido - hidden

(se) hayan escondido - they have hidden (themselves)

escondiendo - hiding

(se) escondieron - they hid

escribió - s/he wrote

escribir - to write

escribo - I write

escrita(s) - written

escrito - written

escritorio - desk

escuchado - listened

escuchando - listening

escuchar - to listen

escuchaste - you listened

escuchó - s/he listened

escuela(s) - school(s)

ese - that, it

esfuerzo - effort, labor

ESMA - Escuela de Mecánica de la Armada

eso - that

espalda - back

especial - special

espejo - mirror

espera - wait

(la) espera - (the) wait

esperaba - s/he, I was waiting for, waited for

esperado - waited (for)

esperando - waiting (for)

esperándola - waiting for her/it

esperanza - hope

esperaría - s/he I would wait (for)

esperaron - they wait-ed

esperé - I waited

espero - I wait for

esperó - s/he waited

esposa - spouse, wife

está - s/he is

esta - this

estaba - s/he was

estaban - they were

estabas - you were

(se) estableció - was established

estación - station

estado - state; been

estados - states

estadounidense - person from U.S.

estamos - we are

están - they are

estar - to be

estará - s/he will be

estaría - s/he I would be

estaríamos - we would be

estarían - they would be

estas - these

estás - you are

estatal - state

esté - s/he is

este - this

éste - this, this one

estén - they are

(se) estima - it is estimated

esto - this

estos - these

estoy - I am

estresante - stressful

estuve - I was

estuviera - s/he, I was [would be]

estuvieran - they were

estuvieron - they were

eternidad - eternity

eventos - events

evidencia - evidence

evita - s/he avoids

evitaba - s/he, I was avoiding

evitaron - they avoided

exactitud - exactness, accuracy

excelente - excellent

excesivo - excessive

existen - they exist

existencia - existence

existentes - existing

experiencia(s) - experience(s)

experimentada - experienced

experta - expert

explicaba - s/he, I was explaining, explained

explicación - explanation

explicado - explained

explicando - explaining

explicar - to explain

explicó - s/he explained

expresando - expressing

extranjero - foreign

extraño(a) - strange

extremistas - extremists

F

fácil - easy

facilitado - facilitated

falsos(as) - false

(le hacían mucha) falta - s/he missed them a lot

(le) hacían mucha falta - s/he missed them a lot

(le) faltaba algo - something was missing/lacking

fama - fame

familia - family

familiar(es) - family member(s)

familias - families

famosa(o) - famous

(por) favor - please

favorita - favorite

favoritos - favorite

felices - happy

feliz - happy

feo - ugly

fiesta - party

fin - end

(por) fin - finally

final - final; end

finalmente - finally

firma - signature

firme - sound, solid

firmemente - firmly

forma - it forms

formación - formation

formalidades - formalities

formaron - they formed

formemos - we form

foto(s) - photo(s)

fotografías - photos

francamente - frankly

frases - phrases

frente - front

fresco(a) - cool; fresh

fría - cold

frustración - frustration

fue - s/he was

fue - s/he went

fuera - out, outside

(como si) fuera - (as if) s/he, it were

fueron - they went

fueron - they were

fuerte - strong

fuertemente - strongly, hard, with force

fuerza - force, strength

fuerzas - forces, strength

fui - I went

fuimos - we went

funcionó - it functioned, it worked

fútbol - soccer

futuro - future

G

ganamos - we win

ganar - to win; to earn

ganarte - to earn for yourself

(no tenía) ganas - s/he did not feel like

(sin) ganas - without desire, reluctantly

(que) ganen - (that) they win

gano - I earn; I win

garantiza - it guarantees

gavetas - cupboards, cabinets

general - general

gente - people

gobernar - to govern

gobierno(s) - government(s)

golpear - to hit, beat

golpes - blows, punches

gracias - thank you

gráfica - graphic

gramo - gram

gran - big, great

grande(s) - big

grandemente - greatly

grave - serious

gritando - yelling

gritó - s/he yelled

gritos - shouts, screams

grupo(s) - group(s)

guardaron - they maintained, kept

guardó - s/he maintained, kept

guerra - war

guitarra - guitar

(le) gusta - it is pleasing to him/her; [s/he likes]

(le) gustaría - it would be pleasing to him/her; [s/he would like]

gusto - pleasure

H

ha - has, have

ha llegado - s/he has arrived

ha tocado - s/he, it has touched

haber aprobado - to have approved

haber llorado - to have cried

(por) haber llorado - (for/by) having cried; to have cried

haber ocurrido - to have occurred

haber sido - to have been

haber - have

(por) haberle causado - for having caused you/him/her

(algo debe) haberle pasado - something must have happened to him/her

(podría) haberle pasado - could have happened to you/him/her

(por) haberles dejado solos - (for) having left them alone

(pudo) haberles pasado - could have happened to them

había - there was, there were; s/he had

(se) había calmado - had calmed (him/herself) down

había dado - had given

había decidido - had decided

había dicho - had said

había empezado - had started

había encontrado - had found, encountered

había estado - had been

había estado llorando - had been crying

había explicado - had explained

había facilitado - had facilitated

había hecho - had made; had done

había inventado - had invented

había leído - had read

había llamado - had called

había llegado - had arrived

había mencionado - had mentioned

(le) había ocurrido - it had occurred (to him/her)

había ofrecido - had offered

había oído - had heard

había olvidado - had forgotten

había pasado - had happened

había quedado - had stayed, remained

había recibido - had received

había recogido - had gotten, collected

había sufrido - had suffered

había tenido - had had

habían - they had

habían destapado - they had uncovered

habían echado de - they had thrown (driven) from

habían perdido - they had lost

habías - you have

habías dicho - you had said

habitación - room

habla - s/he talks

hablaba - s/he, I was talking, talked

hablaban - they were talking, talked

hablado - spoken, talked

hablamos - we talk; we talked

hablando - talking, speaking

hablar - to talk, to speak

(que) hablara - (that) s/he I talk

hablaré - I will talk

hablarle - to talk to him/her

hablarles - to talk to them

hablaron - they talked

hablarte - to talk to you

hablas - you talk

hablé - I talked, spoke

habló - s/he talked, spoke

habría - there would be

habría escuchado - s/he I would have heard

(se) hace - s/he gets, becomes; I get, become

(te) hace - it makes you

hacemos - we do; we make

hacer - to do; to make

hacerle daño - to do harm to him/her

hacerle preguntas - to ask him/her questions

hacerlo - to do it

hacia - toward

(le) hacían mucha falta - she missed them a lot

haciendo - doing; making

hambre - hunger

(se) han convertido - they have (been) converted

han desaparecido - have disappeared

han respetado - have respected

han sido - have been

haría - s/he I would do

has - you have

has esperado - you have waited (for)

has sido - you have been

hasta - until

hasta hace cuatro días - until four days ago

hay - there is, there are

haya - there is, there are

hayan desaparecido - they have disappeared

he cambiado - I have changed

he conocido - I have met

he conspirado - I have conspired

he enviado - I have sent

he escapado - I have escaped

he hecho - I have done; I have made

he oído - I have heard

he recibido - I have received

he visto - I have seen

he vuelto - I have returned

hecho - done; made

(de) hecho - in fact

hemos estado esperando - we have been waiting for

hermano(s) - brother(s)

héroe - hero

hicieron - they did; they made

hijo(s) - son(s); children

histérica - hysterical
histéricamente - hysterically
historia - history; story
hizo - s/he did; s/he made
hoja(s) - paper(s), sheet
hola - hello
hombre - man
hombres - men
hombro - shoulder
honesto - honest
hora - hour; time
horas - hours
horrendos - horrendous
horrible - horrible
horror - horror
horrorizada - horrified
hotel - hotel
hoy - today
hubiera - there were
(nos) hubiera llamado - s/he would have called us
hubo - there was (at that moment)
humanidad - humanity

I

iba - s/he, I was going, went
iban - they were going, went
idea(s) - idea(s)

ideología - ideology
igual(es) - same, equal
igualmente - equally
ilegal - illegal
imaginaban - they imagined
imaginar - to imagine
imaginárselo - to imagine it
imperan - they prevail
(les) importaba - it was important to them
importancia - importance
importante(s) - important
(le) importó - it was important to him/her
impresión - impression
impresionada - impacted
incluía - it included
incluidas - included
incluso - including
incómoda - uncomfortable
inconsolable - inconsolable
increíblemente - incredibly
indicó - he indicated
inepta - inept
inesperada - unexpected
inestabilidad - instability
infinidad - infinity
inflación - inflation
inflamados - inflamed

influencia - influence
informaban - they informed
información - information
informarle - to inform him/her
informe(s) - reports
inmediatamente - immediately
inmediato - immediate
inmigración - immigration
inocente(s) - innocent
inquietud - anxiety, restlessness
inquirió - s/he inquired
inscribirse - to register
insinuaron - they insinuated
insiste - he insists
insistieron - they insisted
insistimos - we insisted
insistió - s/he insisted
insisto - I insist
instalaciones - installations
instalaron - they installed
instantáneamente - instantaneously
instante - instant
institución - institution
instrucciones - instructions
insultándome - insulting me
intenciones - intentions
intensa - intense
intentaba - s/he, I was trying

intentado - tried
intentando - truing
intentó - s/he tried
interesado - interested
interesan - they interest
interesante(s) - interesting
interesar - to interest
intereses - interests
interior - interior
interrogar(me) - to interrogate me
interrumpiendo - interrupting
interrumpió - s/he interrupted
interrupción - interruption
inundada - inundated
inventado - invented
investigaba - she was investigating
investigación - investigation
investigaciones - investigations
investigando - investigating
investigar - to investigate
investigues - you investigate
involucrado - involved
ir - to go
iremos - we will go
irías - you would go
irme - to leave
irnos - to leave, to go

izquierda - left

J

jaló - s/he pulled

jefe - boss

jóvenes - young

jueves - Thursday

jugar - to play

julio - July

junio - June

junta(s) - together

junto(s) - together

justificación - justification

justo - fair, just

juzgados - judged

juzgando - judging

L

la - the; her

lado(s) - side(s)

(al) lado de - next to, on the side of

(por todos) lados - everywhere

lágrimas - tears

lápiz - pencil

largo - long

las - the, them

(me) lastimé - I hurt, injured myself

le - to him/her

(que) lea - (that) s/he I read

lector - reader

leer - to read

legalidad - legality

leído - read

lejos - far

les - to them

(se) levantan - they get up, stand up

levantarse - to stand, get up

levántense - get up, stand up

(se) levantó - s/he got up, stood up

ley(es) - law(s)

leyó - s/he read

libertador - liberator

libre(s) - free

libremente - freely

libro - book

líder(es) - leader(s)

liderazgo - leadership

liga - league

límites - limits

línea - line

lista - list; ready

listos - ready

(se) llama - s/he, it calls him/herself/itself; [his/her/its name is]

(la) llamaba - s/he, I was calling her, called her

llamábamos - we were calling

(una) llamada - a call

llamado - called

(la) llamamos - we called her

(me) llaman - they call me

llamando - calling

llamándome - calling me

llamar - to call

(que no los) llamara - that she [would] not call them

(les) llamaré - I will call (you)

llamarlos - to call them

llamaron - they called

llamarse - to call each other

llamen - they call

llámenme - call me

(me) llamo - I call myself; [my name is]

llamó - s/he called

llave - key

llegada - arrival

llegado - arrived

llegamos - we arrived

llegar - to arrive

llegara - s/he I arrived

(tan pronto como) llegara - as soon as she arrived

llegaría - s/he I would arrive

llegaron - they arrived

llegó - s/he arrived

llena(o) - full

llenaron - they filled

llenó - s/he filled

lleno(a) - full

llevaba - s/he I had spent (time)

llevaban - they took

llevaban en las manos - they carried in their hands

llevaban tanto tiempo causando - they were causing for so long

llevamos cuatro días sin saber - we have gone four days without knowing

llevan dos días sin verlo - they have gone two days without seeing him

llevar - to take (someone or something to a place)

(que la) llevaría - that would take her

(te) llevarían - they would take you

llevarla - to take her

llevarlos - to take them

llevaron - they took

lleve a la señora - take the woman

llevó - s/he took

lloraba - s/he, I was crying, cried

llorado - cried

llorando - crying

llorar - to cry

lloró - s/he cried

lo - it

los - the, them

luego - then

M

madre(s) - mother(s)

mal(a) - bad

malentendido - misunderstanding

maleta(s) - suitcase(s)

malo - bad

mami - mommy

mañana - tomorrow; morning

mandato - mandate, command

manera - manner

manifestación - protest, demonstration

manifestándose - protesting, demonstrating

manifestantes - protestors, demonstrators

manifestar - to protest, to demonstrate

mano(s) - hand(s)

mantener - to maintain

mantenerse en contacto - to keep in contact

máquina - machine

marcas - marks

marcó - dialed

marzo - March

más - more

masacres - massacres

matanzas - killings

mataron - they killed

(me) mato - I kill myself

mayo - May

mayores - older

mayoría - majority

me - to me; myself; me

medianoche - midnight

mejor(es) - better

mencionado - mentioned

mencionó - s/he mentioned

menor - younger

menos - less

mensajes - messages

mente - mind

mentiras - lies

merece - s/he deserves

merecen - they deserve

merecer - to deserve

mereces - you deserve

merecido - deserved
mesa - table
mesera - waitress
meses - months
meter - to put in
meterse - to put yourself in, get in
metidos - put or stuck inside
metiéndola - putting her in
(me) metieron - they put me in
(la) metió - s/he put her in
mí - to me
mi(s) - my
mi merecido - what I deserve
miedo - fear
miembros - members
mientras - while
migración - migration (entry to another country)
mijo - my son (term of endearment)
miles - thousands
militar - military
militares - soldiers; related to the military
mínima - minimal
minutitos - short minutes
minuto(s) - minute(s)
miraba - s/he, I was looking at, looked at

mirada - look; glance
mirando - looking at
mirándola - looking at her
mirar - to look at
mirarle - to look at him/her
miraron - they looked at
mire esto - look at this
miró - s/he looked at
misma - same
(ella) misma - herself
mismo - same
misteriosas - mysterious
modo(s) - way(s)
modo (de todos) - anyway, in any case
molestia - bother
momento(s) - moment(s)
montón - mountain, pile
monumento - monument
moradas - purple
mostrarse - to show
motivaba - it motivated
motivada - motivated
mucha - much
muchacho(s) - boys
muchas - many
muchísimo - very much
mucho - much
muchos - many

muebles - furniture
muerte - death
mujer - woman
mujeres - women
mundo - world
murió - died
museo - museum
música - music
muy - very

N

nacional - national
nada - nothing
nadie - nobody
navales - naval
necesaria(s) - necessary
necesario(s) - necessary
necesita - s/he, it needs
necesitaba - s/he, it needed
necesitaban - they needed
necesitamos - we need
necesitan - they need
necesitar - to need
necesitaría - I would need
necesitas - you need
necesito - I need
negaron - they denied, refused
negó - s/he denied, refused
nerviosa(o) - nervous

nerviosamente - nervously
nerviosísima - very nervous
ni - neither, nor
niega - s/he, it denies
nietos - grandchildren
niñez - childhood
ningún - no
ningunas - none
ninguno(a) - no; none
niños - children
nivel - level
no - no, not
noche(s) - night(s)
nombre(s) - name(s)
normal - normal
norteamericana - North American
nos - us; ourselves
nosotros - we
nota - s/he notices
notamos - we notice
notas - notes
noten - they notice
noticias - news
notó - s/he noticed
nuestra(s) - our
nuestro(s) - our
nueva(o) - new
nueve - nine

número - number
nunca - never

O

o - or
objetivos - objectives
observando - observing
observándolo - observing it
observar - to observe
observé - I observed
observó - s/he observed
obtener - to obtain
obvio - obvious
octubre - October
ocultar - to hide (something)
ocupadísima - very busy
ocuparme - to take on the responsibility
ocurridas - occurred, happened
ocurrido - occurred, happened
ocurriéndole - happening to her
ocurrieran - they occurred, happened
ocurrieron - they occurred, happened
ocurrió - it occurred, happened
ocurrir - to occur, to happen
oferta - offer
oficial - official

oficiales - officials
oficina(s) - office(s)
ofrecerle - to offer him/her
ofrecido - offered
ofreciendo - offering
ofreció - s/he offered
oí - I heard
oído - heard
oír - to hear
ojalá - I hope; God willing
ojos - eyes
olía a - it smelled like
olvidado - forgotten
olvidaron - they forgot
olvidó - s/he forgot
once - eleven
opciones - options
operaron - they operated
opinan - they have the opinion
opino - I have the opinion
oportunidad - opportunity
oportunidades - opportunities
organizar - to organize
otra vez - again
otra(s) - another; other(s)
otro(s) - another; other(s)
oyes - you hear
oyó - s/he heard

P

paciencia - patience

padres - parents

pagaría - s/he I would pay

pagarle - to pay him/her

pagó - s/he paid

país - country

palabra(s) - word(s)

pálida - pale

pancartas - signs, banners

pánico - panic

papá - dad

papel(es) - paper(s)

para - for, in order to

parada - standing

(sin) parar - without stopping

pararé - I will not stop

(me) parece - it seems (to me)

parecía - s/he it seemed, looked like

parecían - they seemed, looked like

pareció - s/he seemed, looked like

pared - wall

parejas - pairs, couples

paró - s/he it stopped

parte - part

particular - particular

partidos - games

pasa - it happens, passes

pasaba - s/he, I, it was passing, happening

pasada - past, passed

pasado - happened

pasando - passing, happening

pasándole - happening to him/her

pasar - to pass; to happen

pasarme - to happen to me

pasaron - they spent

pasatiempos - pastimes, hobbies

pasillo - hall, hallway

pasó - it happened, she passed, she went on to

pasta - pasta

patio - patio

pausa - pause

pavimento - pavement

paz - peace

pedí - I asked, requested

pedimos - we asked, requested

películas - movies

peligro - danger

peligroso(a) - dangerous

pensaba - s/he, I was thinking, thought

pensaban - they were thinking, thought

pensamiento - thought

pensando - thinking

pensar - to think

pensarlo - to think it

pensaron - they thought

pensó - s/he thought

pequeño - small

perdí - I lost

perdido - lost

perdiendo - losing

perdón - excuse me; I'm sorry

perdone - excuse me; I'm sorry

perdónenme - forgive me

perfecta(o) - perfect

periódico - newspaper

periodista - newspaper reporter; journalist

periodística - journalistic

permites - you permit

permitían - they permitted

pero - but

persona - person

personal - personal

personas - people

peso - weight

peticiones - requests

pidiendo - asking, requesting

pidió - s/he asked, requested

piensas - you think

pienso - I think

(no) pierdas - don't lose

pies - feet

piso - floor

pistas - clues

plan(es) - plan(s)

planear - to plan

plaza - plaza (a city square)

(en) plena - in full, plainly

poco - a little

podemos - we are able; could

poder - to be able

podía - s/he, I was able; could

podía haber ocurrido - it could have occurred

podían - they were able; could

podido - was able

podrá - s/he will be able

podremos - we will be able

podría - s/he I would be able

podría haberle pasado - it could have happened to you/him/her

podrías - you would be able; could

polémico - controversial, polemic

policía(s) - police officer(s)

política(s) - political
políticos - political; politicians
ponerme - to become
ponerse - to become
ponía - s/he, I was putting, put
poniendo - putting
por - for; by
por eso - therefore
por favor - please
por fin - finally
por lo menos - at least
porque - because
posible(s) - possible
posiblemente - possibly
positiva - positive
potencial - potential
precisamente - precisely
preguntamos - we ask
preguntarle - to ask him/her
preguntas - questions
(se) pregunte - you ask yourself
preguntó - s/he asked
prensa - press
(se) preocupaba - s/he was worrying, worried
preocupada - worried
preocupadísimo(a) - very worried
preocupado(s) - worried

preocuparnos - to worry ourselves
preocuparon - they worried
preocuparse - to worry oneself
preocuparte - to worry yourself
(no te) preocupes - don't worry
preparaba - s/he was preparing
preparadas - prepared
preparado(s) - prepared
presencia - presence
presenciales - in person
presentaron - they presented
presente - present
presentó - s/he presented
presidencia - presidency
presidencial - presidential
presidenta - president
presidente - president
presión - pressure
presionaban - they were pressuring
presionar - to pressure
prestó atención - s/he paid attention
primero(a) - first
principal - main
principio - principle
probable - probable
probablemente - probably
problema(s) - problems

proceso - process

profesionales - professionals

profesionalmente - professionally

profunda - profound

profundamente - profoundly

progreso - progress

prometedor - promising

prometió - s/he promised

prometo - I promise

pronto - soon

propia(s)- own

propiedad - property

propio(s) - own

propósito - purpose

propuso - s/he proposed

protege - s/he protects

protegerlos - to protect them

protegidos - protected

protesta - protest

protestaban - they protested

protestando - protesting

próximo - next

proyecto - project

pruebas - evidence, proof

públicamente - publicly

público - public

pude - I was able

(que) pudieran - (that) they were able

pudo haberles pasado - could have happened to them

pueblo - town, village

(que) pueda - that you are able

(para que) puedan - in order that they are able

puede - s/he is able; can

pueden - they are able; can

puedo - I am able; can

puerta - door

pues - well

punto - point

puse - I put

pusieron - they put

puso - s/he put

Q

que - that, what

qué - what

queda - it is located

(se) queda - s/he stays, remains

quedaba - it was located

(le) quedaba - it remained (to him/her)

quedaban - they were staying

quedado - stayed, remained

(se) quedan - they stay, remain

quedándose - staying, remaining

quedar - to stay, to remain

(se) quedaron - they stayed, remained

quedarse - to stay, remain

(se) quedó - s/he stayed, remained

quemado - burning, burnt

queremos - we want

quería - s/he, I was wanting, wanted

querían - they were wanting, wanted

querido - wanted

queridos - loved ones

querría - s/he, I would want

quien - who

quién(es) - who

quiere - s/he wants

quieren - they want

quiero - I want

quisiera - s/he, I would like

quisieras - you would like

quiso - s/he wanted (at that moment)

(se) quitó - s/he took off

R

rápidamente - quickly

raro - rare, strange

rato - a little while

(tiene) razón - s/he is right

reacción - reaction

real - real

realidad - reality

realizando - accomplishing

(que) realizara - (that) s/he, it, I [would] accomplish or fulfill

realizaron - they accomplished

realmente - really

rebeldes - rebels

rebelión - rebellion

recepción - reception

recepcionista - receptionist

recibí - I received

recibido(s) - received

recibieran - they received

recibieron - they received

recibió - s/he received

reciente - recent

recogido - gotten, retrieved

recogió - s/he got, retrieved

recomiendo - I recommend

reconoce - s/he recognizes recognize

reconocida - recognized

reconoció - s/he recognized

recordó - s/he remembered

recuerdo - I remember

redacción - writing

reencuentro - reunion

reflexionar - to reflect

registrada - registered

regresamos - we return

regresar - to return

(que) regresaras - (that) you return

regrese - s/he returns; I return

regresemos - we return

regresen - they return

regreses - you return

regreso - I return

regresó - s/she returned

reiteró - s/he reiterated

relataba - s/he, I related

reloj - watch

rendido - tired, worn-out

(de) repente - suddenly

repetían - they were repeating, repeated

repitan - they repeat

repitiéndole - repeating

repitió - s/he repeated

reportaje - reporting

reportera - reporter

reporteros - reporters

representa - s/he, it represents

representante - representative

república - republic

reputación - reputation

reservación - reservation

reservaciones - reservations

residencia - residence

(al) respecto de - with respect to

respetado(a) - respected

respeto - respect; I respect

respiró - s/he breathed

responder - to respond

respondió - s/he responded

responsabilizaban - they blamed

responsable(s) - responsible

respuesta(s) - answer(s)

restaurante - restaurant

restaurar - to restore

retaliación - retaliation

retomar - to retake

retomó - s/he retook

retrovisor - rearview

reunión - meeting

reunirse - to meet

revelado - revealed

revisando - reviewing

revisaré - I will review

revisaron - they reviewed

revise - you review
revista - magazine
rica - rich
rincón - corner
roban - they steal
rodeado - surrounded
rodeando - surrounding
rojo(s) - red
rompa - s/he, it breaks
ropa - clothes
ruinas - ruins
rumores - rumors

S

sábado - Saturday
sabe - s/he knows know
sabemos - we know
saben - they know
saber - to know (a fact)
sabes - you know
sabía - s/he, I knew
sabría - s/he, I would know
sacar fotos - to take photos
(nos) sacaron - they took (us) out
sacó - s/he took out
sacó una foto - s/he took a photo
sala - living room

salían - they were leaving, left
salida - exit
salieron - they left
salió - s/he left
salir - to leave (a place)
saludaron - they greeted
salva - s/he saves
(estás a) salvo - you are safe
sana(s) y salva(s) - safe and sound
sano(s) y salvo(s) - safe and sound
sé - I know
sea - s/he is; I am
sean - they are
secretos - secrets
secuestran - they kidnap
secuestro - kidnapping
secundarias - secondary
seguía - s/he, I was following, followed
(en) seguida - immediately, at once
seguir - to follow
según - according to
segundos - seconds
seguridad - security
seguro(a) - sure, certain
semana(s) - week(s)
señor - mister, sir

señora - Mrs.; ma'am
señoras - ladies
sentaba - s/he, I was sitting, sat
sentado - seated
sentaron - they sat
sentía - s/he, I was feeling, felt
sentimiento - feeling
sentirse - to feel
sentó - s/he sat down
sepa - s/he knows; I know
ser - to be
será - s/he will be
seres queridos - loved ones
sería - s/he, it, I would be
seriamente - seriously
serie - series
serio(a) - serious
severidad - severity
si - if
sí - yes
sido - been
siempre - always
siendo - being
siéntate - sit down
(lo) siento - I'm sorry
(no me) siento bien - I don't feel well
siesta - nap
siete - seven

significa - it means
significar - to mean
siguiente(s) - following
siguieron - they followed
siguió - s/he followed
silencio - silence
silenciosamente - silently
silla - chair
simpático - nice
simple(s) - simple
simplemente - simply
sin - without
sin embargo - nevertheless
sinceramente - sincerely
sindicatos - unions
sino que - but, rather
sintió - s/he felt
sirven - they serve
sirvió - s/he you served
sitio - site, place
situación - situation
sobre - about
sobresaltadas - shocked, stunned
sol - sun
sola - alone, only
solamente - only
solas - alone
soldados - soldiers

solicité - I solicited, requested

sólida - solid

solo - alone, only

solos - alone

soltó - s/he, it released, let go

solucionar - to solve

somos - we are

son - they are

sonaba - it was ringing, rang; it sounded

sonar - to ring, to sound

sonó - it rang; it sounded

sonriendo - smiling

sonrisa - smile

sorprendidísima - very surprised

(se) sorprendió - s/he was surprised

sorpresa - surprise

sospechos(as) - suspicious

sótano - basement

soy - I am

Sr. - Mr.

su(s) - your

subió - s/he got in/on

subversivo - subversive

sucesivos - successive

sucia(o) - dirty

sudado - sweaty

suelo - ground

(me) suena - it sounds (to me)

sueño(s) - dreams

suerte - luck

suficiente - sufficient

suficientemente - sufficiently

sufrido - suffered

sufriendo - suffering

sufrimiento - suffering

sumamente - extremely, exceedingly

súper - super

supieron - they knew

súplica - plea, appeal

suplica - s/he begs

suplicándonos - begging us

supo - s/he found out

supuestamente - supposedly

supuestos(as) - supposed

suyo - your

T

tal vez - maybe

también - also

tampoco - neither

tan - so

tan pronto como llegara - as soon as s/he arrives

tan solo - only

tantas - so many

tanto de la izquierda como de la derecha - both from the right and the left

tanto(a) - so much

tapados - covered

taparon - they covered

tarde - afternoon; late

taxi - taxi

taxista - taxi driver

tazas - cups

te - yourself, to you

telefónica(o) - telephone

teléfono - telephone

televisión - television

tema - topic

temblaba - s/he, I was trembling/shaking

temblando - shaking, trembling

temblar - to shake, to tremble

temblorosa - shaking, trembling

temprano - early

ten - have

ten cuidado - take care, be careful

tendrás - you will have

tendremos - we will have

tendría - s/he I would have

tenemos - we have

tener - to have

tenga - s/he has; you, I have

tengan - they have

tengas - you have

tengo - I have

tenía - s/he I had

tenían - they had

tenido - had

tensa - tense

tercer - third

termina siendo - it ends up being

terminando - ending

terminar - to end

(si) terminara siendo - if it ended up being

terminaron - they ended

terminaste - you ended

terminen - they end

terminó - s/he it ended, finished

terrible(s) - terrible

testigos - witnesses

testigos presenciales - eyewitnesses

testimonio - testimony

ti - you

tiempo(s) - time

(últimos) tiempos - recently; recent times

tiene - s/he has

tiene que haber - has to be, must be

tienen - they have

tienes - you have

tímida - timid

tipo - type

tirados(as) - thrown

tirando - throwing

tiraron - they threw

(se) tiró - s/he threw (him/herself)

tocaba - s/he, I was touching

tocado - touched

tocando - touching

tocar - to touch

tocó - s/he touched

todavía - still

todo(a) - all

todos(as) - all, everyone

tomaba - s/he, I was taking, took

tomadas - taken

tomando - taking, drinking

tomar - to take; to drink

tomaré la decisión - I will make a decision

tomaron - they took

tomó - s/he took

tono - tone

torneo - tournament

tortura - torture

torturas - you torture

total - total

trabaja - s/he works

trabajaba - s/he, I was working, worked

trabajaban - they were working, worked

trabajadores - workers

trabajando - working

trabajar - to work

trabajo - work

tragedia - tragedy

trágica - tragic

tranquila(o) - peaceful, calm

tranquilidad - peace, tranquility

tranquilizó - reassured

tras - after

(se) trata con - it deals with

tratando - trying

tratar - to try

trato - I try

(a) través de - through

tremenda - tremendous

tremendamente - tremendously

tren - train

tres - three

triste - sad

tristeza - sadness

tú - you

tu(s) - your

tuvieron - they had

tuviste - you had

tuvo - s/he had (at that moment)

U

u - or (before words that start with an 'o')

última - last

últimamente - lately, recently

último(s) - last

un - one; an

una - one; an

único - only

uniforme(s) - uniform(s)

universidad - university

uno - one

unos(as) - some

usan - they use

usar - to use

usted - you

ustedes - you

V

va - s/he goes

vacío - empty

vámonos - let's go!

vamos - we go

van - they go

varios(as) - various, several

vas - you go

vaso - glass

(me) vaya - I [would] leave

(que) vaya - (that) s/he I go

vayamos - let's go

vayan - they go

(que) vayas - (that) you go

(que te) vayas - (that) you leave

vea - you see

véanse - see

veces - times

vecino(s) - neighbor(s)

veinte - twenty

vemos - we see

ven - come here

venden - they sell

venga - s/he comes; I come

venía - s/he, I was coming, came

venir - to come

ventana(s) - window(s)

ventanilla - window (of plane, door, etc.)

veo - I see

ver - to see

verdad - truth

verdaderos(as) - true, actual

verlo(la) - to see it, to see him/her

verlos - to see them

vestido - dressed

(otra) vez - again

(tal) vez - perhaps

vi - I saw

viaje - trip, voyage

vicepresidenta - vice president

víctimas - victims

vida - life

vidas - lives

viejo - old

vienen - they come

viernes - Friday

vieron - they saw

vimos - we saw

(que) viniera - (that) s/he I came

vio - s/he saw

violencia - violence

violentamente - violently

violento - violent

visiblemente - visibly

visita(s) - visit(s)

visitantes - visitors

vista - view

vistazo - look, glance

visto - seen

vivan - they live

vive - s/he lives

vivía - s/he, I was living, lived

voces - voices

voluntad - will, volition

volvería - s/he, I would return

(que) volviera - (that) s/he would return

volvió - s/he returned

votos - votes

voy - I go

voz - voice

vuelo - flight

(dio la) vuelta - s/he turned around

vuelto - returned

Y

y - and

ya - already

ya no - anymore

yo - I

zapatos - shoes